Treinamento de Força com Bola

Estabilidade total e exercícios com *medicine ball*

SEGUNDA EDIÇÃO

Treinamento de Força com Bola

Estabilidade total e
exercícios com *medicine ball*

SEGUNDA EDIÇÃO

Lorne Goldenberg
Peter Twist

Manole

Título original em inglês: *Strength ball training – 2nd edition*
Copyright © 2007 by Lorne Goldenberg and Peter Twist
Publicado mediante acordo com Human Kinetics Inc.

Este livro contempla as regras do Acordo Ortográfico da Língua Portuguesa.

Tradução: Rogério de Alcântara Ferraz
Revisão científica: Valdir Barbanti
          Professor Titular da Escola de Educação Física e Esporte da
          Universidade de São Paulo (USP)
          Ph.D. em Educação Física pela University of Iowa – EUA
Diagramação: Luargraf Serviços Gráficos Ltda. – M.E.
Capa original: Keith Blomberg
Imagem da capa: Tom Roberts
Fotografias: Brenda Williams
Ilustrações: Tom Roberts

Dados Internacionais de Catalogação na Publicação (CIP)
(Câmara Brasileira do Livro, SP, Brasil)

Goldenberg, Lorne
    Treinamento de força com bola : estabilidade
total e exercícios com medicine ball / Lorne
Goldenberg, Peter Twist; [tradução de Rogério
Ferraz]. — 2. ed. — Barueri, SP: Manole, 2010.

    Título original: Strength ball training.
    Bibliografia.
    ISBN 978-85-204-2699-9

    1. Bolas (Artigos esportivos) 2. Exercícios
3. Treinamento com pesos I. Twist, Peter. II. Título

08-12156   CDD-613.71

Índices para catálogo sistemático:
1. Exercícios de força com bola: Educação física 613.71

A Editora Manole é filiada à ABDR – Associação Brasileira de Direitos Reprográficos

2ª edição – 2010

Direitos em língua portuguesa adquiridos pela:
Editora Manole Ltda.
Av. Ceci, 672 – Tamboré
06460-120 – Barueri – SP – Brasil
Tel.: (11) 4196-6000
Fax: (11) 4196-6021
www.manole.com.br
info@manole.com.br

Impresso no Brasil
Printed in Brazil

Treinamento de Força com Bola é dedicado à minha mãe, Shirley Twist, por ela ter me dado força suficiente para permanecer inspirado ao longo da vida. O valor de estar ligado às pessoas que me dão energia veio de observar a minha mãe, que animava todos ao seu redor.

Peter Twist

Sumário

Agradecimentos

Pouquíssimas pessoas no mundo dos negócios ou dos esportes têm obtido êxito sem a ajuda e a dedicação de outras. Em minha experiência, fui agraciado com amigos e sócios nos negócios que têm sido essenciais para o meu sucesso profissional.

A pessoa mais impactante na trilha de minha carreira foi Jacques Martin, diretor técnico e geral dos Florida Panthers. Em 1987, ele proporcionou a oportunidade para o meu primeiro emprego na NHL*. Desde então, ele não apenas apresentou novas oportunidades, mas também demonstrou as exigências necessárias para o sucesso nos esportes e nos negócios: perseverança, dedicação, discernimento e compromisso. Jacques Martin impulsionou a minha carreira profissional e continua sendo o profissional bem-sucedido e respeitado que aspiro ser.

Quando conheci Gary Roberts, dos Florida Panthers, em 1985, ele era um jogador de 17 anos que não entendia como o condicionamento poderia contribuir para o sucesso sobre o gelo. Consegui convencê-lo de que se ele treinasse com afinco, o resultado seria o rendimento de dividendos em seu futuro no hóquei. Gary me concedeu a primeira oportunidade de trabalhar com um jogador direcionado à NHL; essa oportunidade transformou-se em um grande relacionamento de trabalho e em uma amizade duradoura que se estende por mais de 20 anos. Sua dedicação e perseverança são exemplos nos quais todo jogador deveria se espelhar. Essa dedicação o levou a ser reconhecido como um dos jogadores mais bem condicionados da NHL.

Lori Armstrong, vice-presidente de operações de negócios, e Janice Hodgins, gerente administrativa do Strength Tek Fitness & Wellness Consultants, são minhas orientadoras nos negócios. Sem o trabalho de ambas, não teria conseguido completar projetos como este livro, ou viajar para conferências a fim de compartilhar minhas ideias e conhecimentos com outras pessoas da indústria. Elas são a verdadeira "espinha dorsal" dos meus negócios. A elas ofereço meus sinceros agradecimentos e também a toda a equipe da Strength Tek por serem os melhores na indústria; não estaríamos onde estamos sem cada um de vocês.

Meus treinadores no Athletic Conditioning Center, Adam Douglas e John Zahab em particular, que não são apenas ótimos treinadores, mas também inovadores na área de exercícios, que contribuíram de maneira grandiosa para que o conteúdo deste livro fosse aprimorado. Nossos muitos atletas na ACC, como os atletas da NHL Daniel Alfredsson, Wade Redden, Freddie Brathwaite e Jason York; da CFL Pat Woodcock, Scott Gordon e Mike McCullough; e os milhares de atletas amadores que acreditaram nas minhas tentativas de aprimorar o desenvolvimento deles.

A University of Ottawa me propiciou o conhecimento para compreender o corpo humano e o impulso pelo interminável desafio da educação.

Meu coautor, Peter Twist, que me ajudou profissional e pessoalmente em diversas questões importantes nos últimos anos, é um profissional completo, um possuidor de conhecimentos consideráveis, além de ser um sopro de ar puro em uma indústria que pode, às vezes, não ter a capacidade de compartilhar ideias e informações. Obrigado a todos os outros profissionais da indústria, como Chris Poirier, da Perform Better, que me proporcionou diversas oportunidades de palestrar em seus seminários educativos a fim de divulgar os exercícios de força com bola.

Matt Shearer e Rich Marks, do UnderArmour Canada, por me fornecer o melhor equipamento de treinamento no mercado para compor a sessão de fotos. A UnderArmour conseguiu até mesmo conferir uma boa aparência a um velho treinador como eu, que já alcança uma idade bem acima dos 40 anos.

E, o mais importante, aos meus dois filhos, Isaak e Danielle, que têm muita paciência com o pai quando ele está longe em projetos de trabalho – amo vocês dois! Agora temos muito mais exercícios para vocês dois experimentarem.

Lorne Goldenberg

(*) National Hockey League, a liga nacional de hóquei norte-americana.

Há diversas pessoas inspiradoras nos círculos acadêmicos, bem como nos de condicionamento físico e esportivo. Duas pessoas notáveis que continuam a se destacar em suas áreas são o dr. Greg Anderson e o Douglas Brooks. O dr. Anderson conduz pesquisas, ministra palestras, e, sendo uma pessoa que cresceu como um atleta talentoso, transfere seu conhecimento para o ambiente prático do exercício. Greg é um técnico do Twist Master que compartilhou seu conhecimento em ambientes formais e com várias cervejas para o benefício de nosso paradigma de treinamento.

Douglas Brooks exerce influência na área com seus inúmeros textos e artigos sobre *personal training* e apresentações de alta energia para milhares de profissionais de *fitness*. Seu profissionalismo e atitude positiva proporcionam o tom para profissionais de qualquer área; seu entusiasmo pela vida e capacidades em esportes de aventura redefinem o conceito da palavra idade. Um agradecimento a David Weck e a Fitness Quest, por criar e propiciar uma inovação para a bola de estabilidade – a bola de estabilidade BOSU DSL – e por transmitir ideias de exercícios.

Os modelos *fitness* Gerard Recio, Julie Rogers e Arielle Nash, todos da equipe Twist Conditioning, que desempenharam cada um dos exercícios com energia, concentração e maestria. Eles são grandes atletas, excelentes treinadores, educadores extraordinários e pessoas de negócios inteligentes no ramo esportivo que se permitiram ser chamados de "modelos *fitness*" para este projeto! Suas capacidades físicas e conhecimentos em exercício possibilitaram que a sessão de fotos do livro fossem feitas de maneira fácil e prática – e muito divertida!

Também outros da Twist Conditioning contribuíram com este projeto. Brynne Elliott buscou e revisou pesquisas atuais, ao passo que Gerard Recio, Dean Shiels, Mason Gratto e Lisa Northrup editaram cuidadosamente os detalhes de cada exercício. Muitos olhos e mentes tornam um livro claro e preciso.

Gostaria de agradecer à equipe da Twist Conditioning em geral; profissionais talentosos e pessoas maravilhosas que são extremamente empenhadas em criar um impacto positivo nos esportes e no *fitness* por meio do fornecimento de produtos para exercícios, treinamento prático, assim como propiciar educação e certificações, e preparar outros para gerenciar dependências esportivas de maneira bem-sucedida. A energia positiva dessas pessoas torna a jornada agradável, e a atitude "pronto para o que der e vier" leva a resultados de impacto e de alta qualidade. Obrigado à equipe de produção da Twist por me fornecer todos os produtos para treinamento e ao Vancouver Twist Athlete Conditioning Center por fechar o local durante uma semana para a produção das fotos.

Andrew Clark, vice-presidente educacional da Twist Conditioning, e Dean Shiels, vice-presidente da Athlete Training Services, merecem uma menção pela influência duradoura na qualidade de nossas plataformas educativas e de treinamento. Janice Hutton é outra profissional completa que dividiu conhecimentos e sugestões a partir de sua experiência como atleta, treinadora, preparadora e mulher de negócios. Gostaria de agradecer a Lorne Goldenberg por sua amizade duradoura, sua liderança na indústria e sua generosidade em compartilhar informações sobre ciência esportiva, exercícios e negócios. Assim como muitos outros, aprendi muito com ele.

Sobretudo, gostaria de agradecer à Human Kinetics, que sempre lança produtos educativos de alta qualidade. Em particular, agradeço ao editor de desenvolvimento Leigh Keylock e ao diretor do departamento comercial, Jason Muzinic, que foram fundamentais para transformar nossas palavras e exercícios em um livro com formato bem acabado.

Por último, porém dignas de nota, minhas filhas Zoe e Mackenzie, pelos sorrisos reconfortantes e por me obrigarem a pular na cama elástica assim que entro em casa, e meus filhos de quatro pernas, Rico e Loosy, por me acompanharem com tamanha energia em tantos quilômetros, em caminhadas nas montanhas, na neve e em trilhas. Ótimas companhias.

Peter Twist

Introdução

Desde a publicação da primeira edição de *Treinamento de Força com Bola*, houve um aumento significativo no uso de *medicine balls* e de bolas de estabilidade em programas de condicionamento físico. Os praticantes reagiram de maneira favorável à sensação atlética natural do treinamento de força com a utilização de bolas, que difere da natureza mecânica das técnicas de isolamento muscular. A integração do treinamento de força do corpo inteiro com o treinamento que incorpora o centro de força, equilíbrio e coordenação gerou um público de treinadores, técnicos e praticantes ansiosos para uma continuação sobre o assunto. A resposta dada é a segunda edição de *Treinamento de Força com Bola*.

O treinamento de força com bolas causou um enorme impacto na indústria do *fitness*. *Personal trainers* necessitaram de uma formação especializada para orientar a coordenação total do corpo e aprimorar suas técnicas de ensino além do que era exigido por aparelhos de musculação ajustáveis. O treinamento tornou-se mais prático, permitindo aos especialistas em exercícios físicos que treinassem seus clientes ao ar livre. Treinadores passaram a trazer os exercícios para dentro de seus ambientes esportivos – na quadra, no campo ou na pista. Lojistas perceberam a crescente demanda por esses produtos. Onde mais é possível encontrar um mecanismo de exercícios que podem ser realizados em casa, oferecendo milhares de variações sem a necessidade de uma extensa e cara linha de equipamentos?

Para se apreciar a potência dos exercícios de força com bola, é preciso apenas entender que seu corpo funciona como uma unidade, provida de músculos que são ativados de modo sequencial a fim de produzir o movimento desejado. Alguns músculos se contraem para realizar o movimento e outros, para estabilizar a coluna vertebral e mantê-la em uma posição segura. Também há outros músculos que são ativados toda vez que o corpo percebe uma mudança de posicionamento ou para corrigir um erro, como a perda de equilíbrio. O corpo é um sistema interligado que coordena as ações atléticas. Arremessar uma bola exige que membro inferior, tronco e músculos da parte superior do corpo trabalhem em conjunto e contraiam na sequência correta. O corpo também funciona como um sistema interligado na vida cotidiana, como ao agachar-se para apanhar um bebê e levantá-lo acima da cabeça para fazê-lo sorrir. Esse movimento depende dos membros inferiores, do tronco e da força na parte superior do corpo – músculos vitais tanto para o movimento como para a estabilização. Essa é a base para o que se apresenta na segunda edição de *Treinamento de Força com Bola*.

Ao longo dos anos, nossos programas de força foram aprimorados por meio da inclusão de exercícios para diversas articulações do corpo inteiro, com pesos livres que o exercitam por completo, levantamento de pesos apoiando-se em um único membro inferior, e exercícios com *medicine ball* para ativar o corpo todo. No entanto, a bola de estabilidade provou ser a ferramenta mais versátil. O treinamento de força com a bola de estabilidade proporciona um avanço estimulante. A oportunidade de fazer o corpo funcionar como uma unidade a fim de executar um exercício possui uma utilidade considerável no desempenho esportivo, no condicionamento físico funcional para adultos, no treinamento infantil, na reabilitação de lesões, bem como no condicionamento físico para idosos. O mais importante é que o treino se desenvolva com uma superfície (redonda) instável. Ambientes instáveis e imprevisíveis exigem força e equilíbrio – como deslizar-se em uma escada escorregadia ou lançar-se para agarrar uma criança em queda, ou ainda resistir a um *check** e continuar

---

*N. T.: Denominação da tentativa de parar um oponente em uma partida de lacrosse, que consiste em um jogo semelhante ao hóquei.

correndo enquanto agarra-se uma bola de lacrosse. Essas condições da vida exigem contribuições de todos os grupos musculares. Cada articulação e cada músculo detecta sua posição no espaço e a transfere para outros músculos e articulações interligados para reagir e produzir a ação apropriada. O sistema interligado é uma cadeia cinética que produz movimentos funcionais de maneira segura.

Neste livro, os exercícios com bolas de estabilidade incorporam a instabilidade na cadeia cinética fechada por meio de posições em supinação e pronação que moldam o corpo do centro até a periferia. Exercícios com *medicine balls* incluem uma carga dinâmica que demanda ações coordenadas do corpo todo. Apanhar uma bola com peso (*weighted ball*) longe da linha mediana do corpo exercita as propriedades responsivas e de desaceleração dos músculos, dando ênfase ao núcleo (ou *core*, região do corpo que abrange os músculos abdominais, dorsais e estabilizadores da coluna vertebral) e à cadeia posterior. Juntas, essas ferramentas produzem melhorias que sustentam os movimentos esportivos (como esquiar montanha abaixo) e atividades diárias do corpo inteiro (como cavar em um jardim), que mantêm os músculos e as articulações saudáveis, além de reduzir o risco de lesões. Trata-se de uma questão de exercitar e integrar o corpo como um todo e não limitar a concentração apenas no desenvolvimento dos músculos que são observáveis diante do espelho.

As bolas de estabilidade e as *medicine balls* têm contribuído positivamente para a reabilitação desportiva, para o condicionamento esportivo, e para a boa forma física de modo geral. No entanto, como em qualquer exercício, uma técnica bem executada produz excelentes resultados, enquanto uma técnica ruim, na melhor das hipóteses, não trará resultados, e, na pior, causará lesões. Ainda que equilibrar-se e mover-se sobre uma bola ou apanhar e arremessar uma bola com peso pareçam conceitos simples e lúdicos, ativar os mecanismos proprioceptivos do corpo e desafiar a parte inferior das costas, bem como os estabilizadores abdominais profundos, são manobras arriscadas. Uma vez que entre os objetivos primários constam a melhoria da postura, a mecânica dos movimentos e as habilidades esportivas, um livro ilustrado demonstrando tanto exercícios eficazes como técnicas apropriadas há muito se fazia necessário. Neste livro, o leitor encontrará as respostas para suas perguntas. Agora não deverá mais haver subterfúgios para uma técnica de exercícios incorreta. Técnicos, treinadores, terapeutas e entusiastas autodidatas do treinamento para a boa forma poderão seguir, de uma maneira parecida, as progressões e modificações dos exercícios para customizar cada um deles de acordo com seus níveis. É importante conhecer modificações simples para cada exercício a fim de torná-los mais fáceis ou mais difíceis. No início, o praticante muito provavelmente precisará simplificar certos exercícios de modo a exigir menos força ou coordenação para torná-los compatíveis com o seu nível e, assim, produzir resultados, além de manter-se seguro e sem lesões. A melhoria também é alcançada com a prática, portanto, será necessário saber como modificar um exercício para torná-lo mais desafiador e com uma demanda maior de força e coordenação.

Portanto, conclui-se que, seja no cotidiano ou nos esportes, "você é tão forte quanto o seu elo mais fraco". Para a maioria das pessoas, esse elo fraco é a força do núcleo, ou do tronco. Quantas pessoas com dores na região lombar da coluna vertebral você conhece? Quantos atletas já sofreram distensões abdominais, nos flexores do quadril e na região inguinal? Membros superiores e inferiores fortes aliados a um núcleo fraco certamente serão mais suscetíveis a lesões. Os exercícios de força com bola atuam do núcleo à periferia, acomodando as partes inferiores e superiores do corpo ao mesmo tempo que direcionam o núcleo para a força do praticante. Um núcleo mais forte é o seu centro de velocidade e seu centro de força. A maioria dos movimentos é iniciada e sustentada pelos músculos estabilizadores posturais, que ultrapassam a aparência de uma "barriga tanquinho". Os estabilizadores posturais também incluem músculos mais importantes abaixo de sua parede abdominal, que estabilizam o movimento e protegem a coluna vertebral. O movimento exigido em uma tacada no golfe é um exemplo perfeito, pois, basicamente, utiliza o núcleo, parte dos membros inferiores e, de uma maneira menos intensa, a parte superior do corpo.

Será perceptível a importância de se adquirir força que possa ser transferida para os esportes e para as atividades diárias. É seguro afirmar que no mundo dos esportes, golfistas necessitam de uma quantidade menor de condicionamento físico em relação à maioria dos atletas. Uma alta porcentagem de golfistas carece da força no núcleo para atingirem seus melhores resultados. Grande parte deles já sofreu com dores nas costas. Quando se exercitam, muitos confiam em abdominais realizados no solo, bicicletas ergométricas e aparelhos de musculação ajustáveis que isolam músculos específicos. Ironicamente, os golfistas adotam uma rotação em alta velocidade em uma posição ereta de 70 a 100 vezes por partida. Além das rotações em alta velocidade, eles sobrecarregam apenas um lado do corpo ao dar a tacada em uma única direção, o que contribui com a maioria dos problemas adquiridos ao se lesionarem. Golfistas necessitam de uma estabilidade excelente da musculatura postural e força nos membros inferiores e no quadril para uma rotação mais potente. Deve-se escolher um estilo de exercícios preparatórios para a tarefa específica a ser executada.

Embora outros esportes empreguem a rotação na execução de suas habilidades – arremessar e chutar uma bola, realizar um movimento com a raquete –, eles também exigem músculos inteligentes e reativos para agilidade, equilíbrio, mudanças repentinas de direção, contato físico, queda, pulos, saltos e vários outros atributos esportivos. Para atletas, o objetivo dos exercícios de força com bola é ensinar o corpo a se movimentar de maneira mais habilidosa. Para o condicionamento físico funcional, incorporar a estabilidade e o equilíbrio do corpo inteiro nos exercícios aumenta o gasto metabólico, colaborando para um consumo muito maior de calorias enquanto se adquire força.

Em 2002, quando a primeira edição de *Treinamento de Força com Bola* foi lançada, utilizamos a pesquisa geral relativa ao equilíbrio e ao sistema nervoso para justificar o emprego do treinamento que, há muito, sabíamos ser benéfico. Havia poucos estudos documentados naquela época que justificassem o uso das *medicine balls* e das bolas de estabilidade em programas de treinamento. A impressão é de que as pesquisas estão sempre defasadas em relação ao ensino prático dos principais praticantes de exercícios. Treinadores de força e de condicionamento que pensam adiante estão sempre descobrindo métodos e ferramentas para levar seus clientes e atletas a um nível superior, por vezes para desalento dos pesquisadores. Certa vez, um treinador afirmou que, se tivesse que esperar por pessoas com PhD para justificar com estudos documentados o que ele estava fazendo na sala de treinamento, teria que esperar o ciclo completo de uma Olimpíada até que seus métodos fossem validados pela ciência, e não pelas medalhas de ouro que seus atletas estivessem ganhando.

Muitos praticantes tradicionais são céticos em relação a qualquer coisa que não seja uma barra olímpica ou um halter. Alguns cientistas estão presos em paradigmas de periodização originários de países do Leste Europeu nos anos de 1950, defensivos quanto a qualquer avanço que não esteja alinhado ao modelo no qual investiram suas carreiras. Recomenda-se ter confiança no conhecimento próprio, porém também ser humilde, pois esse é um processo fluido no qual sempre nos esforçamos para descobrir novos métodos capazes de gerar melhores resultados na vida real. Essa declaração é mais um comentário sobre um período progressivo do exercício que uma visão negativa em relação às pesquisas. Como autores de *Treinamento de Força com Bola*, ambos tivemos uma formação nas ciências. Como treinadores de condicionamento e fisiologistas, vivemos no mundo das pesquisas acadêmicas e continuamos ativos nas pesquisas até hoje. Fomos prudentes ao projetar exercícios que são baseados em sólidos princípios científicos, bem como anatomia, neurofisiologia e biomecânica. Contudo, vale ressaltar que nosso ritmo de desenvolvimento de novos métodos de treinamento é mais rápido que a capacidade da ciência em validar sua utilidade.

Desde 2002, vários pesquisadores tiveram uma oportunidade de se inteirar com os praticantes e testar alguns dos produtos e métodos de treinamento. Algumas pesquisas interessantes validam o uso de bolas de estabilidade em programas de treinamento, as quais serão encontradas nos Capítulos 1 e 2 deste livro. Será possível ler sobre exercícios de força que requerem estabilidade; eles também exigirão a capacidade do praticante em completar a série antes de progredir para os exercícios sem instabilidade apresentados nesta edição. Serão apresentados conselhos sobre a escolha apropriada de equipamentos, bem como as regras gerais sobre como tornar cada exercício mais ou menos difícil. Para cada exercício específico, há recomendações que poderão ser seguidas, incluindo progressões (como adicionar peso, diminuir a base de apoio ou aumentar a velocidade do movimento). Além de cada progressão dentro de cada exercício, a ordem dos exercícios em cada seção se estende desde movimentos simples até movimentos mais difíceis. Acreditamos que essas diretrizes irão agregar valor a seu programa, ajudando-o a aproveitar os exercícios e a produzir os melhores resultados.

Além de tudo isso, os exercícios de força com bolas são divertidos de se fazer em função do constante desafio. Não se trata apenas de levantar mais peso, mas também de divertir-se explorando como coordenar variações mais complexas de exercícios. Conforme o praticante se torna mais experiente com os exercícios de acordo com o que foi apresentado, será possível descobrir que existem infinitas variações que poderiam triplicar de uma maneira fácil o tamanho deste livro. O desafio constante lhe motivará a aderi-las ao programa, e atletas e praticantes de atividades físicas responderão de maneira muito positiva. Aproveite esta poderosa ferramenta e dirija-se à essência da questão com *Treinamento de Força com Bola*.

Localizador de Exercícios

Exercício	Bola de Estabilidade	*Medicine Ball*	Equipamento Adicional	Número da Página
ESTABILIZAÇÃO DA MUSCULATURA POSTURAL				
Abraço na Bola em Pé	✔			43
Abraço na Bola em Ponte	✔			42
Autopasse Unilateral com a *Medicine Ball* e Acompanhamento		✔		79
Canivete	✔			28
Captura da *Medicine Ball* Ajoelhado	✔	✔		58
Captura da *Medicine ball* com Equilíbrio		✔	Prancha de equilíbrio	70
Elevação Lateral McGill com Adução Estática do Quadril	✔			36
Equilíbrio em Pronação	✔			30
Equilíbrio em Pronação com Abertura do Quadril	✔			31
Equilíbrio Unilateral com a *Medicine Ball* da Esquerda para a Direita		✔		78
Flexão dos Membros Superiores com Equilíbrio	✔			48
Flexão dos Membros Superiores Invertida com Equilíbrio	✔			50
Flexão dos Membros Superiores no Solo com Projeção do Joelho	✔		*All-Legs Speed Builder*	32
João-bobo Sentado	✔	✔		57
Mesa Progressiva	✔			60
Passe Multiarticular de Corpo Inteiro da *Medicine Ball*		✔		68
Passe Unilateral com a *Medicine Ball* com o Membro Superior Contralateral		✔		82
Passo à Frente e Retorno		✔		80
Permanência de Joelhos e Posição de Relógio	✔			54

Exercício	Bola de Estabilidade	Medicine Ball	Equipamento Adicional	Número da Página
Perturbação em Ponte	✔		Bola de estabilidade BOSU DSL	72
Ponte com Medicine Ball em Queda	✔	✔		40
Posse da Bola com Salto Lateral	✔			46
Posse da Bola em Cadeia Cinética Fechada	✔			44
Posse da Bola em Ponte em Supinação	✔	✔		74
Queda de Ponte em "T"	✔			34
Rolamento de Joelhos	✔			62
Rolamento de Sobrevivência com Duas Bolas	✔			66
Rolamento em Pé	✔			64
Subida e Descida	✔			52
Tesouras Estabilizadoras em Supinação	✔			38
Transição Agachamento–Supinação–Abdominal			Bola de estabilidade BOSU DSL	76
ROTAÇÃO DA MUSCULATURA POSTURAL				
Abdominal em "V" com Rotação		✔		102
Arremesso sobre os Ombros		✔		92
Helicóptero Lateral Estático de Goldy	✔			98
Passe com Rotação Lateral		✔		100
Passe de Costas com Parada		✔		90
Passe de Costas com Rotação de 180°		✔		104
Ponte em Supinação com Passe Cruzado	✔	✔		88
Repetição Rotativa em Pé			Bola de estabilidade BOSU DSL	108
Rotação com Levantamento sobre a Cabeça			Bola de estabilidade BOSU DSL	106
Rotação do Quadril		✔		94
Rotação do Tronco contra a Parede com a Medicine Ball		✔		109
Rotação do Tronco em Pronação	✔			97

Exercício	Bola de Estabilidade	Medicine Ball	Equipamento Adicional	Número da Página
Rolamento com Elevação dos Quadris	✔			117
Rosca na Polia com os Membros Inferiores em Supinação	✔		Polia	116
Rotações com um Membro Inferior	✔			144
TÓRAX				
Andar com as Mãos e Flexão dos Membros Superiores	✔			166
Deslocamento com Flexão dos Membros Superiores	✔			164
Flexão dos Membros Superiores com Impulsão	✔			168
Flexão dos Membros Superiores com Parceiro em Pé e Deitado	✔			180
Flexão dos Membros Superiores com Passe		✔		179
Fly com Duas Bolas	✔			161
Fly na Polia	✔		Polia	160
Passe de Tórax com a Medicine Ball		✔		174
Pressão Alternada com Parceiro	✔			178
Pressão com Bola de Estabilidade com Parceiro em Pé	✔			176
Pressão em Pé com a Medicine Ball na Parede		✔		170
Projeção e Impulsão em Supinação	✔		Halteres	157
Rolamento em Pé com Duas Bolas	✔			162
Supino com Halteres	✔		Halteres	156
Supino com Halteres e Fly em Supinação	✔		Halteres	158
Supino Inclinado com Halteres	✔		Halteres	152
Supino Unilateral com Halteres	✔		Halteres	154
Volta ao Redor da Bola	✔			172
OMBROS E PARTE SUPERIOR DAS COSTAS				
Arremesso Lateral de Futebol com a Medicine Ball		✔		206
Círculo de Estabilidade do Ombro com a Medicine Ball		✔		199
Elevação Cruzada do Deltoide Posterior	✔		Halteres	184
Elevação em Supinação	✔		Power rack com barras	194

Exercício	Bola de Estabilidade	Medicine Ball	Equipamento Adicional	Número da Página
Elevação Isodinâmica do Deltoide Posterior	✔		Halteres	185
Extensão de Ombro com Base na Parede			Bola de estabilidade BOSU DSL	208
Flexão dos Membros Superiores com Esquadro	✔			200
Flexão Escapular	✔			198
Fly com Extensor Inverso	✔		Extensor com alça	186
Fly Lateral com Elevação Frontal em Pronação	✔		Halteres	192
Passes de Ombro a Ombro com a Medicine Ball		✔		204
Pullover	✔		Halteres	188
Puxada Alta e Elevação em Supinação do Deltoide	✔		Halteres	190
Puxada Escapular dos Membros Superiores	✔		Halteres	203
Puxada em Posição Sentada do Manguito Rotador	✔		Extensor com alça	196
Rotação Lateral com Remada em Pronação	✔		Halteres	182
Tapa na Bola para Ombro	✔		Banco deitado	202
ABDOME, REGIÃO LOMBAR E GLÚTEOS				
Abdominal Enrolado	✔			212
Abdominal Lateral	✔			216
Abdominal Reto com Bola e Passe da Medicine Ball	✔	✔		232
Bloqueio Abdominal de Adam com a Medicine Ball		✔		214
Desenvolvimento das Costas em Pronação			Bola de estabilidade BOSU DSL	230
Extensão das Costas	✔			228
Extensão Inversa das Costas	✔		Banco deitado	226
Puxada Supinada com Resistência	✔			224
Rosca Supinada Livre para a Região Inferior do Abdome	✔			220

Exercício	Bola de Estabilidade	Medicine Ball	Equipamento Adicional	Número da Página
Rosca Supinada para a Região Inferior do Abdome com Polia	✔		Polia com presilha para o tornozelo	218
Transferência da Medicine Ball com Abdominal em "V"		✔		222
BÍCEPS, TRÍCEPS E ANTEBRAÇOS				
Deslocamento com a Medicine Ball	✔			244
Extensão e Rosca de Punho	✔		Polia ou halteres	243
Extensão do Tríceps Inclinada	✔		Halteres	240
Flexão dos Membros Superiores com a Medicine Ball		✔		242
Flexão para o Tríceps com apoio na bola	✔			241
Largar e Apanhar Rápido com a Medicine Ball		✔		246
Rebote na Parede com a Medicine Ball por Cima da Cabeça		✔		238
Rosca Acentuada Excêntrica	✔		Halteres	237
Rosca em Pé	✔		Halteres	236
CORPO INTEIRO				
Agachamento com Desenvolvimento por Cima da Cabeça			Bola de estabilidade BOSU DSL	252
Arremesso da Medicine Ball com Salto com os Dois Membros Inferiores e Aterrissagem com um Membro Inferior		✔		270
Arremesso de Lateral a Frontal da Medicine Ball contra a Parede		✔		262
Avanço Angulado com Rotação Horizontal da Medicine Ball		✔		258
Avanço com Deslocamento e Rotação da Medicine Ball por Cima da Cabeça		✔		256
Circuito com a Medicine Ball		✔		264
Cortada de Machado com Flexão do Quadril		✔		266
Flexão dos Membros Superiores com Deslocamento na Medicine Ball		✔		260
Leg Press de Estabilização com Parceiro	✔			250

Exercício	Bola de Estabilidade	*Medicine Ball*	Equipamento Adicional	Número da Página
Rebote Lateral no Solo com a *Medicine Ball* por Cima da Cabeça		✔		267
Rolamento com Agilidade			Bola de estabilidade BOSU DSL	254
Salto e Arremesso com a *Medicine Ball* por Cima da Cabeça		✔		268
FLEXIBILIDADE				
Alongamento de Joelhos da Parte Posterior do Ombro	✔			279
Alongamento em Pé do Latíssimo do Dorso e dos Músculos Peitorais	✔			278
Alongamento em Pé dos Músculos Isquiotibiais	✔			277
Alongamento em Supinação dos Músculos Isquiotibiais	✔			276
Alongamento Lateral	✔			275
Extensão da Coluna Vertebral	✔			274

A Vantagem do Treinamento com Bola

O treinamento com bolas inclui bolas de estabilidade e as chamadas *medicine balls*. Embora a bola de estabilidade, também conhecida como bola suíça, venha evoluindo como uma modalidade inovadora de exercícios, o uso de uma bola em exercícios, na verdade, vem desde o século II d. C. "Exercitar-se com uma bola pode estimular tanto o indivíduo entusiasta quanto o sedentário, pode exercitar as partes inferiores do corpo ou as superiores, alguma parte específica em vez do corpo todo ou pode exercitar todas as partes do corpo igualmente", explicou um filósofo e médico grego. O mais importante, ele acrescenta: "O melhor de todos os treinamentos é aquele que não apenas exercita o corpo, mas é capaz de satisfazer o espírito" (Posner-Mayer, 1995).

A bola de estabilidade utilizada atualmente foi desenvolvida no início dos anos 1960 como um brinquedo para crianças. No entanto, passou a ser adotada por fisioterapeutas como um meio de melhorar a propriocepção e o equilíbrio dos pacientes (Posner-Mayer, 1995). Vários mecanismos fisiológicos obtêm resultados positivos a partir do treinamento com bolas de estabilidade. Profissionais de força e condicionamento e *personal trainers* usam com frequência as bolas de estabilidade em seus programas de treinamento. Esta seção fornece uma revisão dos mecanismos fisiológicos envolvidos no treinamento com bolas de estabilidade.

O corpo humano é uma máquina impressionante, com diversas capacidades sensoriais que permitem a execução correta das funções motoras. Todas essas capacidades se adequam ao termo *propriocepção*, que envolve a sensação de movimento e posição das articulações (Lephart, Swanik e Boonriong, 1998). Além disso, a propriocepção contribui tanto para a programação motora para o controle neuromuscular, exigido em movimentos precisos, como para o reflexo muscular, proporcionando, assim, estabilidade para as articulações móveis (McGill, 1998).

Excelentes capacidades proprioceptivas são evidentes quando um atleta possui a capacidade de absorver um impacto em um campo de jogo ou em uma pista de gelo, além de manter o equilíbrio como resultado do acionamento dos músculos exigidos no melhor momento, na sequência correta e com um nível de força apropriado. Para que isso aconteça, diversos eventos fisiológicos ocorrem dentro do músculo. Receptores estão por todo o corpo – na pele, nos tendões e nos músculos – e reagirão quando perceberem uma mudança no tecido. Essa mudança é computada pelo sistema nervoso central (SNC), e, após o cérebro decidir como reagir, os sinais corretos são enviados aos músculos por meio da medula espinhal e dos nervos para a contração muscular que resulta no movimento.

Músculos específicos do corpo possuem mais capacidades sensoriais que outros. Os músculos rotadores e intertransversários, por exemplo, são segmentos musculares muito pequenos na coluna vertebral. Eles são incapazes de produzir um nível elevado de força, mas são muito eficientes na percepção da posição vertebral, pois são dotados de uma grande quantidade de fusos musculares, os quais são sensíveis à extensão e à amplitude de alongamento e causarão uma contração muscular quando seus limites forem atingidos. Os rotadores e os intertransversários, em razão de suas áreas transversais mínimas, agem como transdutores de posição para cada articulação lombar a fim de permitir que o sistema de controle motor comande a postura lombar total e evite lesões (McGill, 1998). É importante que isso ocorra na coluna vertebral e em outras estruturas articulares durante amplitudes de movimento extremas, pois esses músculos e ligamentos vizinhos proporcionam uma reação neurológica que serve como intermediário direto à estabilização reflexa nos músculos ao redor da articulação (Lephart et al., 1997). Por exemplo, todos os segmentos musculares devem se contrair para auxiliar na estabilização da coluna vertebral durante o movimento que pode ser o resultado da execução de algo de maneira consciente ou inconsciente, como consequência de uma rebatida em uma área de jogo ou uma mudança repentina no solo sob os pés ao correr em uma trilha. Conforme o aprendizado que este livro propõe, o treinamento com bolas ajudará nas reações inconscientes do corpo que produzem o movimento apropriado, o que representa frequentemente a diferença entre recuperar o controle e o equilíbrio e sofrer uma lesão esportiva.

Fusos musculares são os mecanismos que agem como intermediários da resposta proveniente do exercício pliométrico. Sendo o maior receptor de alongamento nos músculos, ao ser alongado em extensão e taxa específicas, o fuso muscular detecta a mudança, envia um sinal à medula espinhal e recebe diretamente uma resposta que provoca o início de uma contração reflexa no músculo conhecida como reflexo de estiramento miotático, caracterizado por uma poderosa contração muscular concêntrica (Chu, 1992). Ele funciona do seguinte modo: as fibras musculares extrafusais (EF) se contraem ou se alongam a fim de produzir movimento. Há também as fibras musculares intrafusais (IF) paralelas às EF, que se encontram bem posicionadas para reportar a magnitude e a proporção da tensão e da extensão do músculo. Quando as EF são alongadas de maneira rápida, as IF também são alongadas e enviam uma mensagem à medula espinhal para inibir o agonista e, poderosamente, contrair o músculo alongado. Esse resultado é produzido com um tempo de resposta muito rápido, porque a mensagem é transmitida diretamente à medula espinhal e retorna sem ter de fazer uma jornada mais longa até o cérebro.

Os órgãos tendinosos de Golgi (OTG) são outro tipo de receptor encontrado no corpo. Mais especificamente, eles são encontrados na junção musculotendinosa. O OTG é ligado de uma extremidade à outra com fibras musculares extrafusais de modo a monitorar e responder à tensão em um músculo e seu tendão. Caso as fibras atinjam seus limites, serão capazes de enviar um sinal inibitório que compelirá o músculo a relaxar e cessar as atividades. Esse é um mecanismo de proteção que é usado pelo corpo sob cargas muito pesadas. Um iniciante em musculação, por exemplo, terá um limite muito baixo, pois seu corpo não se adaptou completamente aos benefícios intramusculares e neuromusculares do treino com pesos. No entanto, por meio de um treino apropriado, um praticante avançado estará apto a levantar cargas muito mais pesadas e terá um limite bem maior que seu colega iniciante.

Os receptores da pele podem ampliar a captação dos receptores mais profundos localizados no músculo. Receptores na pele do punho e dos dedos podem fornecer informações sobre o movimento dessas regiões (Lephart, Swanik e Boonriong, 1998). Sensores auditivos e visuais também possuem um papel importante na capacidade funcional do corpo. A capacidade de ver uma bola que se aproxima ou de ouvir uma advertência de um companheiro de time permite ao corpo se preparar para a ação que pode ser realizada na forma de contração muscular e estabilização de uma parte do corpo para uma mudança de direção, de modo a absorver o impacto eficientemente ou fazer uma jogada. Um jogador de hóquei que mantém a cabeça abaixada enquanto conduz o disco através do gelo está vulnerável a um bloqueio. Quando seu companheiro de time grita, "Levante a cabeça", ele tensiona-se para cima de maneira instintiva, observa em volta e prepara seu corpo para um ataque.

Vias de informação

Todas as informações anteriormente descritas são traduzidas para o sistema nervoso central não por um receptor específico, mas por vários. Os esforços coordenados de todos esses mecanismos permitem ao corpo encontrar o desafio do movimento funcional em um ambiente em constante mudança.

Os receptores enviam seus sinais por meio das fibras aferentes para o SNC; no interior do sistema eles são decodificados e enviados ao centro de controle motor, onde uma decisão será tomada referente ao mecanismo da contração muscular. A contração muscular resultante ocorre por meio das fibras motoras eferentes. Nelas, a informação neural é transformada em energia física (Lephart, Swanik e Boonriong, 1998). Assim, todo esse mecanismo descrito é um fenômeno complexo que vai além do escopo deste livro. A premissa é demonstrada na Figura 1.1.

Tratar de deficiências nos sistemas neuromusculares, conforme descritas anteriormente, tem sido um objetivo de terapeutas por muitos anos. Lephart et al. (1997) acreditam que o treinamento para aumentar os receptores musculares das articulações

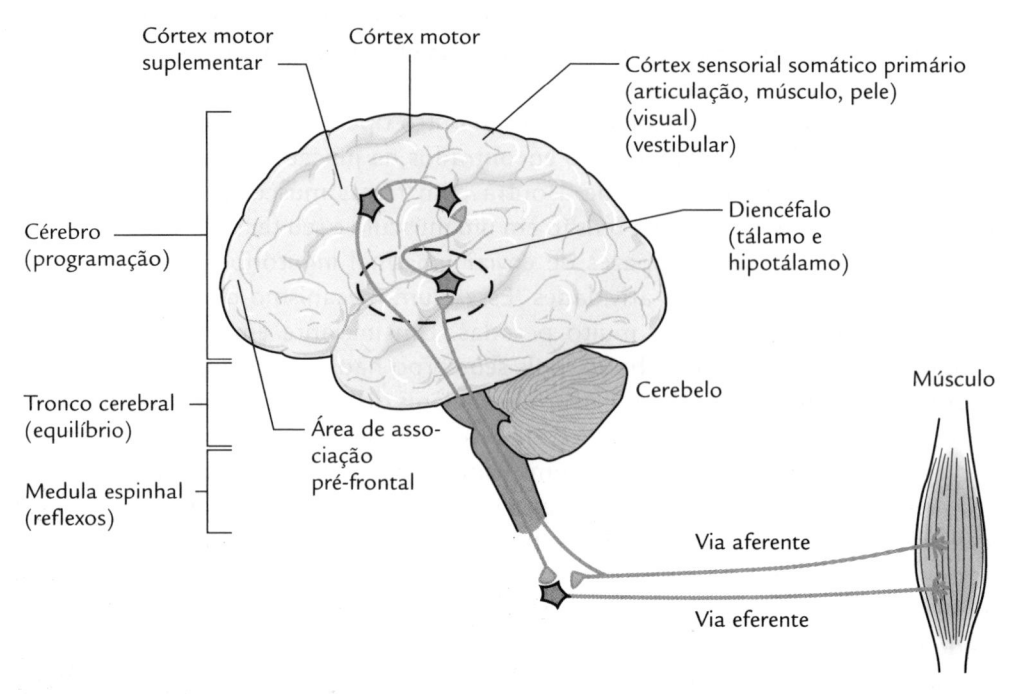

Figura 1.1 Funções do sistema nervoso central.

deve ser usado nos estágios iniciais de um protocolo de reabilitação. As atividades devem se concentrar em alterações repentinas no posicionamento da articulação que exijam controle neuromuscular reflexo. Além disso, alguns pesquisadores descobriram que parece haver um melhor padrão de recrutamento quando o foco inicial do treino é o da instabilidade e do equilíbrio seguido pelo treinamento de força. A sequência inicial de progressões deve ser a introdução de exercícios instáveis combinados com o treinamento de força e seguidos por ele. De um ponto de vista de recrutamento, a ativação dos músculos antagonistas e sinergistas aumentará a ativação muscular (Anderson e Behm, 2005) através de atividades posturais e de equilíbrio. Atletas lesionados são submetidos a práticas como essas que auxiliam na recuperação de seus potenciais atléticos e na prevenção de novas lesões assim que retornam aos seus ambientes instáveis de competições, pois são exercícios projetados para estimular a coativação muscular (Lephart et al., 1997). Tal procedimento levará em conta tarefas com maior carga para a articulação específica, resultando em um aumento da força e, consequentemente, em uma articulação mais forte e funcional. Conforme já mencionado, alguns pesquisadores acreditam que essas atividades compõem uma progressão adequada. Outra progressão que também tem sido usada com bastante sucesso está detalhada no Capítulo 2 e tem como foco principal a preparação dos músculos estabilizadores posturais. Ao executar movimentos de força específicos nos pontos mais importantes desses músculos, em uma variedade de níveis, utilizando contrações dinâmicas e estáticas, os atletas veem uma transferência positiva para alguns dos exercícios instáveis mais difíceis.

Equilíbrio

Equilíbrio é a capacidade de manter o centro de massa corporal sobre a base de apoio sem sofrer queda (Irrgang, Whitney e Cox, 1994). Berg (1989) define o equilíbrio de três formas: a capacidade de manter um posicionamento, a capacidade de mover-se de maneira voluntária e a capacidade de reagir a uma perturbação. Todas essas definições são importantes para o desempenho esportivo, bem como para o movimento geral humano, que é desafiado em tarefas de equilíbrio todos os dias.

No corpo, os músculos formam uma cadeia contínua que tenta superar distúrbios no centro de gravidade. A cadeia começa no tornozelo. Quando um desafio de equilíbrio força o corpo a se inclinar para a frente, os músculos na parte posterior do tornozelo, os gastrocnêmios, contraem-se para contrabalançar esse movimento a fim de tracionar o corpo para trás novamente em equilíbrio. Entretanto, se o equilíbrio for forçado para trás, o músculo tibial anterior irá se contrair e trabalhar para trazer o corpo de volta ao centro de gravidade.

Ao permanecer em pé sobre um único membro inferior, há um desafio maior ao equilíbrio de um lado para o outro, que será contrabalançado pela pronação e pela supinação do pé na articulação do tornozelo. Em alguns casos, o balanço do corpo será grande demais para que apenas o tornozelo contrabalance o desafio do equilíbrio; portanto, os músculos nos membros inferiores, nos quadris e nas costas também compensarão o movimento. Nesse exemplo de permanecer sobre apenas um membro inferior, interrupções na força e no equilíbrio podem ser evidentes com a flexão lateral (tronco), rotação (quadris), má postura (costas) ou movimentos excessivos dos membros superiores (ombros e braços). O corpo somente manterá ou recuperará o equilíbrio se os músculos atuarem por meio de todas as articulações a fim de manter a posição desejada.

Lembre-se de que o corpo é um sistema interligado, no qual cada músculo possui receptores para avaliar sua posição relativa no espaço, bem como o equilíbrio geral do corpo. Os músculos se comunicam e compartilham informações para produzir o movimento necessário, uma vez que todos eles têm em comum o interesse em funcionar bem e permanecer livre de lesões.

Biomecânica e o corpo

A biomecânica do movimento – tanto no esporte como na vida cotidiana – requer não apenas abdominais fortes, mas um "centro de velocidade" forte e equilibrado. Além dos abdominais, a região lombar da coluna vertebral, os flexores e extensores do quadril, os adutores e os abdutores, os rotadores do quadril e os glúteos são identificados como o centro de velocidade. Esse nome foi escolhido porque, nos esportes, o grupo de músculos mencionados inicia, auxilia e estabiliza todos os movimentos (Twist, 1997). Uma tacada no hóquei, uma tacada de golfe, um arremesso no futebol americano, e um saque no tênis são todos impulsionados pelo centro de velocidade.

Existem atletas capazes de levantar 136 quilos no supino, mas quando estão de pé facilmente perdem o equilíbrio, porque não incorporam seus músculos do centro de velocidade em seus programas de força. De modo funcional, uma pessoa simplesmente é tão forte quanto o seu elo mais fraco, e esse elo pode causar graves lesões.

Em um estudo feito por Cholewicki e McGill (1996), que examinaram a mecânica das colunas vertebrais de levantadores de peso durante o levantamento de cargas pesadas, um levantador (que havia sofrido uma lesão documentada por fluoroscópio) fez suas vértebras L IV e L V serem totalmente flexionadas. No momento em que isso acontecia, as outras articulações foram capazes de manter concomitantemente um ângulo articular que evitou a flexão total, fato que os autores alegaram ter acontecido potencialmente como o resultado de uma sequência inapropriada de força muscular ou de uma perda temporária do conhecimento de controle motor. O resultado desse estudo demonstra que o conceito de estabilidade segmentar é importante na prevenção de lesões. A estabilidade segmentar pode ser treinada de maneira eficaz com exercícios com bolas.

O estudo de Cholewicki desencadeou um estudo mais detalhado (McGill, 1997) que tentaria quantificar a estabilidade da coluna vertebral por meio de uma série de tarefas de carga. Os resultados dos novos estudos indicaram que a ocorrência de uma falha de controle motor que resultou em uma redução temporária na ativação de um dos músculos intersegmentais poderia permitir a rotação de uma única articulação até o ponto onde tecidos passivos, ou outros tecidos, ficariam irritados ou ainda mais danificados. O risco de ocorrências como essa é maior quando grandes forças estão presentes nos maiores músculos e pequenas forças simultâneas estão nos músculos intersegmentais pequenos (como em um esforço máximo de agachamento) ou quando toda a potência muscular está baixa, como durante um esforço de baixo nível (McGill, 1997).

Nova pesquisa

Em 2002, quando a primeira edição de *Exercícios de Força com Bola* foi lançada, havia poucas pesquisas sobre os benefícios específicos do treinamento com bola e superfícies instáveis, como pranchas de equilíbrio. Desde 2002, diversos trabalhos têm sido escritos sobre esse assunto e têm apoiado as ideias lançadas na primeira edição de *Strength ball training*.

Uma área que tem recebido atenção é a pesquisa sobre a ativação dos músculos estabilizadores posturais, bem como o treinamento desses músculos com aparelhos estáveis e instáveis afetando seu recrutamento. Em um estudo da Memorial University em Newfoundland (Behm et al., 2005), pesquisadores observaram como exercícios instáveis e unilaterais (com um membro inferior ou superior) de musculação afetavam a musculatura do tronco. Usaram exercícios que, de modo geral, são usados em programas de treinamento de musculação, como desenvolvimento de ombros e peitoral, além de avaliarem os movimentos de um único membro superior e dos dois membros superiores em uma bola instável e em um banco estável. Também usaram quatro exercícios em uma bola de estabilidade que desafiavam os músculos estabilizadores posturais em vários níveis e ângulos. O que os pesquisadores encontraram foi algo que muitos usuários de bola têm experimentado por muitos anos: a instabilidade gerava uma maior ativação dos músculos estabilizadores abdominais inferiores (27,9%) com os exercícios para os estabilizadores posturais e todos os músculos estabilizadores (de 37,7 a 54,3%) com o peitoral. Embora não houvesse efeito ou instabilidade no desenvolvimento de ombros, o desenvolvimento de ombros unilateral produziu uma maior ativação dos estabilizadores das costas, e o peitoral unilateral resultou em uma maior ativação de todos os estabilizadores do tronco quando comparado aos desenvolvimentos bilaterais.

Independentemente da estabilidade, o exercício do "Super-homem"* foi o exercício estabilizador do tronco mais eficaz para a ativação dos estabilizadores das costas, ao passo que a Ponte Lateral McGill foi o melhor exercício para a ativação dos músculos abdominais inferiores. Os autores concluíram que os meios mais eficazes para o fortalecimento do tronco deveriam incluir exercícios abdominais ou para as costas com bases instáveis. Além disso, o fortalecimento do tronco pode ocorrer ao se executar exercícios para os membros, se eles forem executados unilateralmente.

Em 2005, foi apresentado um resumo de um projeto na Convenção Nacional da Associação de Condicionamento e Força. Seu título era "Comparação Biomecânica do Desenvolvimento Unilateral em Pé e do Levantamento de Supino, incluindo Resposta Muscular". Esse estudo validou o benefício de se utilizar movimentos de um único membro superior em relação a movimentos bilaterais e como eles afetavam os músculos estabilizadores posturais. Ao comparar o levantamento de supino com o desenvolvimento unilateral na polia, os autores descobriram que o levantamento de supino propiciava maior ativação do peitoral maior e dos músculos eretores da espinha, mas com o desenvolvimento unilateral em pé, os níveis de ativação para os músculos estabilizadores posturais, incluindo os músculos retos do abdome e os oblíquos, eram duas vezes maiores do que aqueles produzidos pelo levantamento de supino tradicional. Eles concluíram que o levantamento de supino era melhor para hipertrofia e força como resultado do nível de ativação, e que o desenvolvimento unilateral em pé era mais indicado para a estabilidade da musculatura postural e desafios ao tronco e uma representação mais exata do que acontece aos músculos estabilizadores posturais em uma posição ereta (Santana, 2005). Isso é relevante para o que prescreveremos em *Exercícios de Força com Bola,* particularmente no que diz respeito a qualquer movimento que possa ser descrito como unilateral. Por exemplo, o desenvolvimento unilateral com haltere e a flexão de membros superiores com equilíbrio mostram como os músculos estabilizadores posturais devem exercer um trabalho muito mais significativo quando há um desafio ao movimento unilateral ou ao equilíbrio.

Anderson e Behm (2005) completaram um artigo intitulado "Impacto do Treinamento de Musculação com Instabilidade no Equilíbrio e na Estabilidade". A conclusão desse artigo defende que a introdução da instabilidade em um exercício aumenta a pro-

---

*N. T.: Exercício em que o praticante, em decúbito ventral, tira suas mãos e membros inferiores do chão, simulando um "voo".

porção da ativação muscular. Porém há um preço, que parece ser a produção de força. Embora uma pessoa possa não ser capaz de exercer uma força em um mesmo nível de um ambiente estável, pode haver benefícios a serem obtidos ao se usar aparelhos instáveis. A diminuição no equilíbrio associada ao treinamento de força em uma superfície instável poderia forçar a musculatura do membro a desempenhar um papel mais importante na estabilidade das articulações. Um forte exemplo envolve uma pessoa fazendo agachamento em uma prancha de equilíbrio. Durante o agachamento, os níveis eletromiográficos (EMG) foram comparados com aqueles de um agachamento normal. Os níveis EMG para vários músculos estabilizadores posturais e do membro inferior foram significativamente mais altos para a mesma carga submáxima na prancha de equilíbrio do que em uma superfície estável. Os autores acreditam que isso possa ser atribuído a uma maior necessidade das funções estabilizadoras e posturais em uma condição instável (Anderson e Behm, 2005).

Conforme o progresso verificado desde a primeira edição desta obra, as pesquisas de certa forma alcançaram os praticantes. As novas pesquisas citadas proporcionam um crédito duradouro ao que milhares de treinadores e adeptos já sabiam há anos: a bola pode potencializar seus esforços na sala de treinamento.

Treinando com a Bola para o Fortalecimento

Aintegração será o segredo para o sucesso dos programas de exercícios. Embora seja possível obter uma excelente série de exercícios apenas com os treinamentos com bola, ganhos ainda maiores poderão ser percebidos se o praticante compreender como integrar esses exercícios a outros, convencionais de musculação.

A maioria das rotinas de treinamento de força inclui diversos exercícios que variam de seis a dez movimentos. Contudo, essa variação dependerá do objetivo do programa, da fase do treinamento em que o praticante está e se completa ou não minicircuitos dentro de sua série de exercícios. A experiência sobre o assunto esclarece que, dependendo do objetivo, ao integrar o trabalho com bolas a um programa tradicional, cerca de 20 a 40% dos exercícios poderão ser realizados com uma bola.

Colocando o treinamento com bola em uma série de exercícios

Os treinamentos de força com bola são úteis para toda a população, uma vez que podem ser facilmente adaptados de modo a atender uma série de necessidades e metas. Bolas de tamanhos, densidades e pesos variados, mudanças de exercícios e uso de carga de estabilização dinâmica (DSL), assim como as características de deslocamento de carga, permitem que praticantes jovens e veteranos aproveitem os exercícios adequados segundo seus níveis de habilidade. No entanto, como, quando e o quanto esses exercícios devem ser usados pode variar muito, dependendo dos objetivos e da capacidade do praticante. Exercícios de força com bola também podem definir o treino completo para alguns praticantes, ao passo que em outras aplicações é comum integrar exercícios específicos para o uso de bola com outros tipos.

Aquecimento dinâmico

O objetivo de um aquecimento não é alongar e nem apenas aquecer um músculo. Os alongamentos estáticos tradicionais, que incluem manter posturas estacionárias, não preparam adequadamente o corpo para a ação. De fato, as pesquisas atuais indicam que sessões de exercícios e competições com alongamento estático causam uma redução na produção de força e velocidade. Aquecimentos dinâmicos despertam mente e músculos de maneira que estes últimos obedeçam e respondam melhor aos comandos da mente ao preparar o corpo para mover-se. Esse foco mental prepara os músculos para que estejam em seu ponto máximo durante o restante do treino.

Selecionar exercícios de força com bola menos difíceis ou usar cargas mais leves é aplicável no aquecimento antes do exercício, da prática ou do jogo. A atividade de baixo impacto e com cargas leves conduz os músculos a amplitudes de movimento dinâmicas, aumenta a temperatura no interior dos músculos, tornando-os mais flexíveis, e estimula a produção de líquido sinovial para lubrificar as articulações. A instabilidade promove uma coordenação do corpo todo, e a *medicine ball* com peso na extremidade das alavancas do corpo ativa tanto os músculos como o sistema nervoso.

Para iniciar um aquecimento deve-se considerar uma atividade que aumentará o fluxo sanguíneo por todo o corpo, o que resultará na subida da temperatura dos músculos estabilizadores posturais. Esse procedimento exigiria cerca de seis a oito minutos de pedalada leve, corrida, pular corda ou exercícios em um aparelho de treinamento cardiorrespiratório. Uma vez completado o aquecimento inicial, o próximo passo seria usar exercícios de força com bola visando um aquecimento dinâmico mais específico, o qual, de maneira progressiva, prepara a musculatura dos estabilizadores posturais e os membros inferiores e superiores para o movimento, o equilíbrio e a produção de força.

Exercícios completos de força funcionais

Praticantes de exercícios em geral podem escolher exercícios de cada capítulo de modo a criar um treino para o corpo inteiro enfatizando todas as partes dele em funções de motores primários e estabilizadores. Essa medida aperfeiçoaria de modo significativo a experiência do treinamento para aqueles acostumados a usar aparelhos de musculação com cargas ajustáveis que exigem pouco raciocínio, concentração ou coordenação. O desafio de se recrutar o corpo inteiro para executar um exercício ajudará a conectar a cadeia cinética a fim de desenvolver músculos mais inteligentes que se comuniquem melhor com o resto do corpo. Integrar instabilidade e reatividade, bem como a exigência de se usar múltiplos agrupamentos musculares, aumenta o custo metabólico gastando mais calorias. A execução lenta e suave de um exercício possui fluidez e concentração semelhantes às realizadas na ioga.

Entusiastas adultos do condicionamento físico teriam um ótimo proveito ao alternar partes do corpo que os permitissem realizar um circuito por meio de uma sequência de exercícios com um descanso mínimo para manterem uma frequência cardíaca elevada. No entanto, é necessário incentivar a todos que pratiquem outras atividades aeróbias, como corrida ou natação, e também incentivar à integração de períodos de esforço anaeróbio, como caminhadas ou pedaladas em aclive.

Sessões de exercícios para jovens atletas

Ao aprender como integrar o treinamento de força com bolas em um programa de exercícios, várias considerações surgem, dependendo do usuário. Nem todos podem ser considerados adultos praticantes de condicionamento físico. Crianças não podem ser tratadas como adultos em miniatura, pois atravessam várias fases de crescimento e maturação que requerem tipos específicos de treinamento. Com o passar da idade, as crianças crescem e encorpam, tendo um acréscimo de massa muscular. Contudo, antes que os ossos aumentem rapidamente de tamanho, o sistema nervoso se desenvolve. Crianças na pré-puberdade (antes dos 12 anos) passam pelo ponto máximo da fase de maturação do sistema nervoso. Essa é uma etapa em que a coordenação, a consciência corporal e a atividade esportiva podem ser melhoradas por meio de treinamento com exercícios complexos, durante os quais eles terão de resolver o quebra-cabeça que consiste em coordenar cada exercício. Obviamente, o treinamento com bolas funciona como uma brincadeira e é bem recebido por crianças.

Crianças com idades entre 8 e 12 anos podem completar um exercício para cada parte do corpo e três a quatro exercícios para a estabilidade da musculatura postural, de maneira que comecem a ganhar força por meio de uma atividade interessante que aprimore suas redes neurais. Um direcionamento mínimo pode ser concedido para crianças com 7 anos de idade ou menos, ao passo que três ou quatro exercícios são transformados em desafios e jogos divertidos. Certifique-se de que a sala é um local seguro, que a área é acarpetada ou acolchoada, e arrume os arredores de modo a possibilitar saídas seguras da superfície da bola; permita, então, que as crianças se divirtam e descubram por si próprias como manejá-la. A maioria das pessoas que usam bolas em casa ou na academia possui aquelas com 65 ou 55 centímetros. Bolas de 45 centímetros são mais adequadas para crianças na pré-puberdade, pois se adaptam às alturas delas e podem ser usadas de maneira construtiva. Crianças mais novas devem evitar arremessos de *medicine ball* com pesos até que tenham força nos músculos estabilizadores posturais e na cadeia posterior para agarrá-la de modo seguro, assim como maturidade emocional para prestar atenção à estrutura necessária ao arremessar e agarrar bolas com peso.

Crianças na puberdade passando pelo ponto máximo da fase de crescimento esquelético, normalmente um período de crescimento desajeitado, podem adotar os exercícios de força com bola como uma sessão completa para ajudá-las a se acostumar às suas novas alturas e pesos e a readquirir coordenação. A natureza de baixo impacto dos exercícios de força com bola libera as crianças de outros treinamentos de alto impacto e atividades que comumente causam lesões durante a puberdade, quando as alavancas dos ossos são alongadas, mas os músculos não cresceram em comprimento, tamanho e força.

Crianças na pós-puberdade possuem hormônios circulantes para aproveitarem os treinamentos anaeróbicos e de força com carga, que estimulam adaptações no crescimento muscular. Nessa fase de crescimento e desenvolvimento, os exercícios de força com bola tornam-se uma *parte* da sessão, uma vez que também se dedicam ao levantamento livre de peso com carga maior.

A obesidade infantil é um desafio crescente, quem sabe até uma epidemia. Crianças acima do peso necessitam de atividades que queimem calorias e promovam ganhos à saúde. No entanto, essas atividades deverão ser experiências divertidas e positivas, do contrário elas se sentirão desestimuladas. Crianças obesas geralmente têm menos coordenação e são mais desafiadas pelo movimento, por isso terão maior proveito com aparelhos de musculação de pesos selecionáveis; assim poderão superar seus colegas de porte médio. Aparelhos de musculação requerem pouca coordenação, porém tornam o desenvolvimento da força mais seguro e acessível para crianças obesas. Se obtiverem êxito, poderão continuar. Após a melhora inicial, é necessário acrescentar um pequeno volume de exercícios simples de força com bola para que haja um aprimoramento na coordenação das crianças e um auxílio para uma movimentação mais hábil. Exercícios de força com bola produzem frequências cardíacas mais altas e ativam mais músculos, causando assim um gasto de calorias. Portanto, eles auxiliam as pessoas a vencer a batalha das calorias consumidas *versus* calorias gastas.

Condicionamento esportivo

Atletas de todos os níveis, de recreativos a profissionais, precisam treinar todos os fundamentos do desempenho esportivo: força, velocidade, agilidade, potência, tempo de reação e condicionamento. Tais fundamentos fornecem a base para o esporte. Com uma base forte, um atleta em desenvolvimento perceberá ganhos mais efetivos em seu desenvolvimento. Esses ganhos, como a estrutura sólida de uma casa, fornecerão a base para uma melhoria contínua.

Para ganhar força e potência e aumentar o tamanho dos músculos, os atletas precisam usar cargas pesadas. Dependendo do histórico de treinamento do atleta, pode haver um questionamento sobre quando e o quanto de carga pesada é necessário. O uso de cargas pesadas é uma prática comum para muitos atletas. De fato, uma pergunta que se ouve frequentemente em uma sala de musculação repleta de atletas é *O quanto você consegue fazer de levantamento de supino ou de agachamento?* Esse tipo de competitividade promove o uso de cargas mais pesadas a fim de melhorar o desempenho no levantamento de supino e no agachamento, e também é provavelmente a razão de ocorrerem tantas lesões por excesso de uso em atletas de força.

Acredita-se que levantar cargas pesadas com bastante frequência tem muito pouco efeito no desempenho esportivo, mas é a realidade quando se tem um grupo de atletas competitivos treinando juntos. O agachamento e o levantamento de supino são dois dos testes mais usados para avaliar a força máxima em atletas; dessa maneira justifica-se a popularidade de ambos como exercícios regulares. O ponto importante é que não apenas a força máxima é decisiva para o desempenho, mas também o equilíbrio e a coordenação possuem um papel significativo. Esses dois componentes fazem parte de um sistema de força interligado, um conceito que enfatiza como o corpo é conectado por meio das fáscias e do tecido conjuntivo e como movimentos que são estáticos, como o levantamento de supino, fornecem uma transferência mínima para o desempenho esportivo e não treinam o sistema interligado do corpo. Um exercício como o desenvolvimento unilateral com halteres em uma bola de estabilidade exigiria o uso do peitoral maior (músculo agonista), bem como o uso de todos os músculos estabilizadores posturais a fim de manter um posicionamento rígido na bola. Além desses músculos, também exige o uso dos glúteos e dos isquiotibiais para manter o contato com o solo.

No momento em que os atletas estão treinando não se pensa na força máxima no sentido clássico (isto é, levantamento de supino ou agachamento). Apesar de ter a sua importância reconhecida, tem-se a perspectiva do corpo como um sistema interligado. Os componentes do sistema interligado de força, por causa da relação com a força máxima, podem ser aprimorados por meio do uso de vários exercícios com bola apresentados neste livro.

Atletas também devem treinar velocidade, agilidade, rapidez, habilidades de reação do corpo todo e capacidade anaeróbia. Para atletas, exercícios de força com bola são selecionados e incorporados aos seus programas gerais de musculação. Programas de condicionamento esportivo fariam uso de um grande volume de exercícios de rotação e estabilidade da musculatura postural e um menor volume de exercícios para os membros inferiores e a parte superior do corpo, complementando o treinamento com barras olímpicas e halteres.

Maior, mais forte e mais inteligente

Fisiculturistas e pessoas que treinam a força de modo recreativo, visando aumentar o tamanho do músculo e ter uma melhor aparência, podem usar os exercícios de força com bola para conectar a cadeia cinética de maneira mais apropriada e aprimorar a comunicação dos músculos e das articulações a fim de auxiliá-los em uma melhor execução de levantamentos de carga pesada. Os exercícios de força com bola podem ajudá-los a atravessar o platô de força ao melhorar os caminhos neurais de modo a possibilitar-lhes a usar tanto o *software* (cérebro e sistema nervoso) quanto o *hardware* (músculos maiores) para direcionar o corpo a um desempenho máximo.

Aqueles que usam programas pesados de treinamento de força podem adotar um exercício de força com bola que integre equilíbrio e assegure uma alta atividade muscular para potencializar o músculo no momento que antecede um levantamento estável de uma carga pesada. Eles podem também incluir um exercício de força com bola imediatamente após um levantamento de carga pesada para trabalhar a coordenação muscular sob fadiga.

Reabilitação

A reabilitação de uma lesão não é apenas permitir que a natureza exerça seu papel. O repouso é de fato necessário para que um músculo ou ligamento se recupere. Mas, com o tempo, um retorno à atividade é mais rápido e mais bem-sucedido, com menos risco de uma nova lesão ocorrer, se os pacientes participarem de um programa bem estruturado de força e movimento. Exercícios de força com bola são de grande utilidade para restaurar áreas lesionadas do corpo, assim como no recondicionamento de corpos "em vias de lesão", de modo a retornarem à atividade ainda melhores do que antes. Exercícios que pretendem o retorno aos treinos devem ser funcionais para garantir que a área lesionada esteja pronta para lidar com ações cotidianas e esportivas, e não apenas para caminhar e sentar.

Esses exercícios úteis para reabilitação devem reeducar o corpo de modo a evitar um padrão de disfunção, no qual o corpo compensa para encobrir uma lesão. Por exemplo, com uma lesão no joelho esquerdo, o lado direito do corpo suporta mais massa corporal. Há uma mudança de responsabilidade temporária no corpo, o que pode causar problemas em outras áreas. Se não forem controladas, essas novas áreas com problemas ocasionarão novas disfunções e lesões. O balanço final é que os exercícios não devem apenas atacar a lesão inicial, mas também ser adotados para ajustar e proporcionar assistência ao resto do corpo, que também foi afetado pela lesão inicial. O processo de recuperação de uma lesão aguda deve ser supervisionado por um profissional médico, em geral um fisioterapeuta ou terapeuta esportivo que seja bom conhecedor dos mecanismos do exercício. Seja ativo na comunicação – leve seu livro a um profissional médico para checar novamente quais exercícios podem contribuir para o processo nessa etapa. O especialista poderá pedir que se concentre em ativar músculos específicos durante um exercício e fazer adaptações meticulosas que demandem orientação profissional.

A lesão inicial é geralmente causada por outros problemas no corpo. Fala-se sobre tratar a causa, e não o sintoma, e com frequência uma lesão é causada por outros elos fracos na cadeia que, com o tempo, causam uma lesão aparentemente sem relação. Ao sofrer uma lesão, as possibilidades são de que o corpo ainda precise ser corrigido e fortalecido. Muitas pessoas convivem com uma pequena dor e desequilíbrios de força que afetam de maneira negativa sua capacidade de executar atividades mais adequadamente e as expõem ao risco de uma nova lesão.

A reeducação do corpo inteiro inclui exercícios suaves de força para toda a sua extensão que ativem os músculos na sequência correta e estimulem o sistema proprioceptivo a reparar *software* e músculos juntos. Os exercícios de força com bola recorrem a múltiplas partes do corpo para realizar o trabalho de maneira adequada, forçando o corpo a trabalhar junto e a expor elos fracos na cadeia cinética. Se os exercícios de força com bola não ajudarem a corrigir padrões de disfunção, será preciso tentar uma versão mais fácil com o objetivo de criar uma base adequada no corpo. Se um elo fraco ou qualquer desconforto persistir, consulte um profissional médico especializado em avaliação de lesões e reabilitação ativa baseada em exercícios. É importante para profissionais, como *personal trainers* e treinadores, permanecer dentro de seus escopos de prática e encaminhar seus clientes a uma equipe de profissionais – quiropráticos, fisioterapeutas, massoterapeutas, acupunturistas e assim por diante – para o benefício dos mesmos. Da mesma forma, ao interligar seus exercícios e objetivos esportivos ao processo, o praticante de exercícios com bola deve selecionar um profissional da área médica que seja competente e atuante na aplicação de exercícios e informado sobre as exigências do esporte. Para o usuário que treina em casa, os exercícios de força com bola em um nível apropriado ajudarão a moldar o corpo do centro para fora e a interligar a cadeia cinética. Caso sofra uma nova lesão ou um antigo problema menor persistir, é recomendável pedir conselho sobre exercícios para os profissionais médicos que possam lhe fornecer uma avaliação prática e planejar seu programa específico.

Exercícios durante uma viagem

Uma bola de estabilidade vazia e dobrada é um excelente acessório de treinamento para se levar em uma viagem. Facilmente transportável, depois de inflada ela poderá ser usada em quartos de hotéis, chalés e outros locais. Muitos empresários que viajam com frequência levam em sua bagagem uma bola e um livro de exercícios, usando o quarto de hotel para uma rápida e prática sessão. Os exercícios de força com bola ajudam tanto a combater a fadiga ocasionada pela viagem como a reajustar o relógio biológico aos diferentes fusos horários, além de ajudarem o praticante a manter um cronograma de exercícios consistente. Desde que o tempo seja suficiente, é bastante fácil sair para uma corrida rápida ou subir e descer algumas escadas de hotel para manter o condicionamento aeróbio. Acrescentar uma rotina de exercícios de força com bola para o corpo todo o mantém em avanço, e não em atraso, quando se trata de força e função. Viajantes a negócios que não se sentem seguros correndo em uma cidade desconhecida poderão fazer um circuito com vários exercícios de força com bola em seus quartos de hotel, em um ritmo que mantenha uma frequência cardíaca elevada a fim de obter um condicionamento para o coração e os pulmões. Alguns viajantes carregam *medicine balls* de 1 a 2 quilos para exercícios automonitorados. Esse procedimento é ótimo nos casos em que a bagagem fica guardada no compartimento do avião. Para bagagens de mão, recomenda-se uma bola de estabilidade e um Slastix (tipo de extensor que pode ser preso à porta), que é bem mais leve do que as *medicine balls* com peso.

Uso da bola de exercícios no local de trabalho

A maioria dos trabalhos possui tarefas repetitivas, por exemplo, o trabalho em uma linha de montagem ou a permanência em uma escrivaninha digitando e atendendo ao telefone. Ter acesso a bolas de exercícios possibilita pequenos intervalos ativos para alongar, fortalecer os músculos e equilibrar o corpo. Alguns intervalos rápidos para exercícios podem melhorar, a longo prazo, a força, o equilíbrio e o condicionamento físico. A curto prazo, uma pausa para exercícios com uma bola instável ativa todos os músculos do corpo, não somente aqueles usados no local de trabalho, e recarrega o corpo e a mente. Fazer uma pausa das tarefas do local de trabalho para despertar o corpo e a mente pode melhorar o desempenho no trabalho e prevenir lesões por uso repetitivo. Pessoas que trabalham em escritórios podem desenvolver uma má postura ao se sentarem encurvadas diante do teclado do computador. Sentar-se de maneira ativa em uma bola de estabilidade ajuda a manter uma boa postura e a trabalhar discretamente a estabilidade da musculatura postural, ativando todos os músculos posturais. Pessoas que trabalham em escritórios, em geral, escolhem bolas de estabilidade pretas, que são bem mais corporativas em aparência em comparação com bolas de cores brilhantes.

Escolhendo exercícios e progressões

Ao iniciar qualquer novo programa de condicionamento físico, comece em um nível que reforce técnicas e padrões de movimento apropriados, pois é uma atitude especialmente importante a ser adotada nos casos dos exercícios de força com bola, que também desafiam a estabilidade. Uma vez dominado um movimento em particular, será necessário desafiar-se continuamente com progressões apropriadas de exercícios a fim de garantir êxito no programa adotado.

Selecionando exercícios

Para começar, é recomendável incluir exercícios de todos os capítulos. É preferível também o desenvolvimento do corpo do centro para fora, de maneira que se treine os músculos estabilizadores posturais primeiro e, em seguida, a periferia (membros superiores e inferiores). Em muitos treinamentos nas salas de musculação, podemos prescrever mais séries para os músculos estabilizadores posturais que para outros grupos musculares. No entanto, *todos* os exercícios deste livro apresentam uma boa ativação dos músculos estabilizadores posturais, por isso uma representação de todos os capítulos funciona bem, uma vez que todos os exercícios envolvem essa musculatura. Entretanto, para manter seguro o exercício dos músculos estabilizadores principais, recomenda-se trabalhar com exercícios de estabilidade da musculatura postural e abdominal durante várias semanas como base antes de exercitar a sua rotação.

Lembre-se de que antes mesmo de iniciar os exercícios de força com bola e caso você seja iniciante no treinamento de força em geral, deve ser estabelecido um nível-base de força com treinos de estabilidade, conforme descrito no item Precauções na p. 23 deste capítulo. Uma vez pronto para iniciar o treinamento de força com bola, observe que os exercícios em cada capítulo estão listados em ordem do mais fácil para o mais difícil. Essa classificação é determinada pela intensidade do esforço físico exigido, assim como pela complexidade da coordenação necessária para uma finalização bem-sucedida do exercício. Saltar adiante apenas fará seu corpo compensar e se enganar ao realizar um exercício, deixando-o pronto para uma lesão. O ideal é não ter pressa e praticar um grupo de exercícios antes de progredir aos de maior dificuldade.

Tenha em mente que para cada exercício há dicas sobre como torná-los mais simples e, também, como torná-los mais desafiadores. Regressões em geral são aplicadas imediatamente ao se tentar executar um exercício e ele for considerado difícil demais. Uma rápida adaptação pode torná-lo mais atingível. Progressões são geralmente aplicadas visando a planejar o *próximo* treino após perceber que certos exercícios se tornaram mais fáceis de serem completados. Cada treino deve representar um desafio. Caso a meta de repetições tenha sido atingida, um pequeno aumento no peso de sua *medicine ball* deverá ser considerado, assim como a adição de duas ou três repetições por série, ou uma adaptação da mecânica do corpo a fim de tornar o exercício mais desafiador. Os métodos específicos para se aumentar a dificuldade de um exercício estão listados nos itens a seguir. Uma profunda compreensão dessas regras ajudará a refinar o treino para um nível preciso de dificuldade de cada vez – nem fácil demais, nem resultando em uma diminuição da força mecânica, mas desafiador o bastante para produzir os melhores resultados.

Progressões com a bola de estabilidade

Há diversos métodos para se progredir o nível de dificuldade ao usar exercícios com a bola de estabilidade. Progressões estruturadas de maneira específica estão documentadas no texto de cada exercício. Mas conhecer várias diretrizes para simplificar ou avançar um exercício permitirá a modificação de cada um deles muitas vezes para que seja definido o nível de desafio mais apropriado para o praticante. Em caso de incerteza, ele deve escolher regressões para se certificar de que o exercício seja completado com segurança dentro de suas capacidades atuais. No entanto, quando tiver experiência com um exercício e começar a considerá-lo fácil, adote progressões para assegurar-se de que está havendo o desafio. Se um exercício não é desafiador, não haverá sensação de estímulo para uma melhoria. Com esses aspectos em mente, os pontos a seguir poderão ser considerados ao se regredir ou progredir nos exercícios.

- **Mude a base de apoio.** Ao diminuir a base de apoio de um exercício, pode-se aumentar o desafio de equilíbrio. Você pode fazer isso deixando a bola mais inflada, o que resultará em uma base menor de apoio. Também é praticável mudar a base de apoio de quatro pontos para um apoio de três ou dois pontos. Um exemplo de um apoio de quatro pontos é uma flexão dos membros superiores com a Bola de Estabilidade, na qual mantêm-se as duas mãos na bola e os dois pés no solo. Para aumentar o nível de dificuldade na flexão, pode-se usar uma base de apoio de três pontos. Um pé poderia ser retirado do chão, ou ainda a base de apoio poderia ser reduzida aproximando mais as mãos e os pés. Embora o praticante ainda esteja em uma base de apoio de quatro pontos, esse movimento causa uma diminuição na base de apoio total.

- **Mude o comprimento da alavanca.** Conforme o comprimento da alavanca é alterado de curto para longo, a dificuldade do exercício é aumentada, como no caso do abdominal com a *medicine ball*. O arremesso a partir do tórax é mais fácil que usar uma alavanca mais longa e arremessar sobre a cabeça. O tronco também pode ser a alavanca entre o solo e o contato com a bola. Um rolamento curto é mais fácil que um mais longo. Uma ponte curta com bola é mais fácil que uma mais longa. Pequenas mudanças no posicionamento do corpo podem fazer uma diferença dramática no nível de dificuldade por mudar a coordenação, o esforço ou a força necessária.

- **Aumente a amplitude de movimento.** Ao aumentar os movimentos de uma amplitude menor para uma maior, é possível aumentar a dificuldade do exercício, como no caso da flexão dos membros superiores com as mãos na bola, bem como progredir de flexões parciais a flexões com apoio de amplitude plena.

- **Mude a velocidade do movimento.** Mudar o ritmo de um exercício muda o seu resultado. Movimentos muito lentos mantêm o músculo tensionado por mais tempo e ajudam a desenvolver força e estabilidade. Movimentos dinâmicos rápidos tendem a desenvolver potência. O ritmo do movimento também torna o exercício mais fácil ou mais difícil. A maioria dos especialistas sugere que se movimentar mais rapidamente é mais difícil. Mas não há uma regra geral. Alguns exercícios executados de maneira mais rápida são muito mais difíceis, ao passo que outros exercícios feitos muito lentamente exigem muito mais força e equilíbrio. É importante saber que a velocidade do movimento altera as exigências. O praticante precisará adaptar seu ritmo a um determinado exercício para aprender se ele resultará em uma execução mais fácil ou mais difícil.

• **Acrescente sobrecarga.** Aumentar a intensidade de um exercício também é praticável quando se acrescenta alguma forma de resistência com carga, tal como uma *medicine ball*, um peso livre externo, um cabo ou um extensor elástico, por exemplo, no caso do exercício Canivete, com um cabo unido aos membros inferiores (ver p. 28). Por segurança, recomendam-se extensores *Slastix*, que são grossos e equipados com um elástico resistente com manetes cobertos por uma capa protetora. O extensor Blaster de quadril/coxa é ligado aos tornozelos e coberto por uma capa protetora. Os extensores de força precisam ser longos o suficiente para conciliar os movimentos do corpo inteiro nos exercícios de força com bola. Eles também devem ser fortes o bastante para oferecer resistência suficiente. Ainda, devem vir com uma capa protetora para torná-los mais duradouros e, se eventualmente quebrarem, assegurar que eles enrolarão para dentro dela mesma em vez de ricochetearem e atingirem o praticante.

• **Feche os olhos.** Fechar os olhos aumenta a exigência proprioceptiva do corpo, inundando outros sensores e receptores posicionados para proporcionar uma resposta quanto às mudanças no posicionamento do músculo, dos ligamentos, dos tendões e da articulação. Retirar o retorno visual sobrecarrega o sistema proprioceptivo, forçando esses "minicérebros" a trabalhar mais para uma melhoria. Esse processo acrescenta um nível de dificuldade, mas deve-se ter cautela. Alguns exercícios, como permanência de joelhos sobre a bola, exigirão a supervisão de um treinador de força.

Progressões com a *medicine ball*

Selecionar a carga correta da *medicine ball* e modificar o método de sua aplicação também contribui para tornar o nível do exercício apropriado.

• **Aumente o peso da bola.** Conforme a potência e a força aumentam, escolher uma *medicine ball* mais pesada irá progredir a quantidade de sobrecarga localizada sobre os músculos, estimulando maiores adaptações.

• **Introduza variáveis de arremesso.** Com uma bola de mesmo peso, aumente a distância entre os parceiros, o que requer mais força no arremesso e maior coordenação e força excêntrica para apanhar a bola. Ou aproxime-os e aumente a velocidade com que ela é arremessada e apanhada; essa situação exige reações e coordenação dos olhos e das mãos e transfere a ênfase para a potência, treinando a dupla excêntrico-concêntrico.

• **Use apenas um membro superior.** Mudar o ato de apanhar a bola com as duas mãos ao usar uma única mão aumenta a dependência dos músculos estabilizadores posturais, dos quadris e dos membros inferiores, juntamente com a cadeia posterior, a fim de absorver a carga. Em geral, isso aumenta a complexidade do exercício, obrigando a um maior envolvimento do corpo inteiro.

- **Utilize o acompanhamento com os olhos.** Para os exercícios com uma *medicine ball*, fixar a visão na bola, enquanto ela se desloca, aumenta o desafio ao equilíbrio. Por exemplo, permaneça sobre um único membro inferior no momento em que passar a bola sobre a cabeça, ou a movimente de um lado para o outro do corpo. Pense na ausência de visão periférica, não vendo nada além da bola. Se for acrescentada também uma inclinação da cabeça – inclinando-a para trás para olhar para cima em direção à bola sobre a cabeça –, o nível de dificuldade do equilíbrio será aumentado.

- **Integre movimento ou equilíbrio.** Acrescentar movimento aos exercícios para o corpo inteiro ou instabilidade aumentará o gasto metabólico, a coordenação exigida, a ativação muscular, a quantidade de músculos recrutados e a capacidade de transferência.

- **Torne o exercício imprevisível.** Arremessar a bola em tempos variados ou para diferentes direções requer reações, raciocínio e adaptações do corpo rápidos, de modo a dominar a mecânica corporal necessária para apanhar a bola. Para exemplificar, em passes entre parceiros, passe a bola para a direita, para a esquerda, para o alto, para baixo e sobre a cabeça. Misturar os passes é divertido e torna os músculos mais responsivos.

Selecionando acessórios para o treino

Hoje em dia, as bolas de estabilidade podem ser encontradas praticamente em qualquer tipo de loja – lojas de departamento, supermercados e até farmácias. Com tantas opções e escolhas, como é possível determinar a bola mais apropriada? O texto a seguir lhe dirá tudo o que é preciso saber.

Tamanho das bolas de estabilidade

A maioria dos fabricantes de bolas de estabilidade fornece recomendações quanto ao tamanho, com base na altura do praticante de exercícios com bola. Uma regra geral que foi definida é a de que, ao sentar-se sobre a bola, as coxas devem estar paralelas ao chão. Se estiverem abaixo do nível paralelo, o praticante será obrigado a utilizar uma má postura para muitos dos exercícios. Em muitos casos, essa regra é uma boa diretriz geral a se usar para determinar o tamanho ideal de bola, contudo, como poderá ser observado nas descrições dos exercícios, ela nem sempre é válida. Vários exercícios usam diversos tamanhos de bola em suas progressões. O praticante deverá ter várias bolas de tamanhos diferentes disponíveis em seu local de treinamento.

Para o uso pessoal, aqueles com altura entre 1,78 e 1,90 metro podem realizar a maior parte dos exercícios com bolas de 55 e 65 centímetros. Aqueles com 1,75 metro de altura ou menos podem utilizar bolas de 45 e 55 centímetros. Aqueles com 1,93 metro de altura ou mais podem trabalhar com bolas de 65 e 75 centímetros.

Qualidade das bolas de estabilidade

As bolas de estabilidade se tornaram um acessório de treinamento comum entre os praticantes de exercício de força, e grandes revendedores hoje em dia estocam o produto regularmente. Com muito mais opções atualmente, os consumidores podem escolher desde bolas com preços promocionais no varejo a bolas especiais pela Internet. O importante é optar pela qualidade. Esse é um acessório que deve suportar o peso do corpo e os rigores do treinamento físico. Se a bola parecer feita de material pouco espesso, como uma bola de praia, é presumível que se trate de um produto de baixa qualidade; caso pareça ser de material espesso, é provável que seja de boa qualidade.

A medida exata está na classificação ABS. As bolas de estabilidade são rotuladas ABS se forem realmente consideradas "antiestouro". Bolas ABS esvaziam-se de maneira lenta em vez de estourar quando perfuradas. As bolas testadas em laboratório recebem um peso que podem suportar e continuar a demonstrar propriedades antiestouro confiáveis. Procure uma bola com uma classificação ABS de 136 quilos ou mais. As bolas também são testadas pela quantidade total de peso que podem suportar. Em geral essa medida corresponde a cerca de três vezes a sua classificação ABS. Uma ABS de 136 quilos pode suportar 408 quilos. Para mais informações sobre bolas de estabilidade, pode-se realizar uma busca *on-line* em http://www.athleteconditioning.com ou checar uma loja especializada em condicionamento físico.

Bolas BOSU de carga de estabilização dinâmica (DSL)

BOSU é um acrônimo para *"both sides up"* (os dois lados para cima, em inglês). DSL quer dizer *"dynamic stabilizing load"* (carga de estabilização dinâmica, em inglês). A bola de estabilidade BOSU DSL foi inventada por David Weck, criador do BOSU *Balance Trainer*. Os acessórios de treinamento de Weck permitem que treinadores e praticantes criem novos exercícios. Essa carga de estabilização dinâmica dentro da bola é uma substância granular que fornece estabilidade quando a bola está parada no solo, uma carga para levantá-la quando é suspensa do solo e uma perturbação quando a DSL é transferida de um lado para o outro.

Quando a bola está no chão, sua carga interna a torna ligeiramente mais estável, ajudando no domínio de novos exercícios e tornando-os mais seguros. Bolas de estabilidade DSL são equipadas com 2,3 quilos de carga na parte interna. Para aumentar o fator estabilizador, que poderia ser importante em ambientes de reabilitação e para clientes idosos, pode-se acrescentar areia a fim de aumentar a carga dentro da bola. O aumento da estabilidade com base no solo permite que a bola seja usada por diversas pessoas que, do contrário, não poderiam usar uma bola de estabilidade comum. No entanto, esse aumento ainda fornece uma superfície instável e leve instabilidade no chão. Para praticantes avançados que levantam halteres pesados, a carga mantém a bola no lugar, tornando-a confiável para se sentar com os halteres nas mãos.

Praticantes de exercícios sofrem uma demanda adicional ao levantar a bola do chão. Os músculos estabilizadores tornam-se alvo durante exercícios nos quais a bola fica contra a parede, o que requer uma contração mais ativa não apenas para segurar a bola no lugar ou rolá-la, mas também para pressioná-la firmemente.

A carga de estabilização dinâmica dentro da bola fornece um retorno perceptível durante os movimentos do exercício. Se o objetivo for um movimento fluido e controlado, a carga deverá permanecer imóvel no fundo da bola, sem produzir som. Movimentos fortes ou rápidos na bola – por exemplo, de um lado para o outro através do corpo – são semelhantes ao ato de arremessar água para fora de um balde, a não ser que se possa frear e parar a "água". Isso requer uma excelente tonificação dos músculos estabilizadores posturais e contrações musculares efetivas nas costas, nos ombros e nos membros superiores. Movimentos rápidos para trás e para a frente em uma menor amplitude de movimento impõem perturbações que aumentam a ativação muscular ao redor das articulações. É possível aprender a avaliar a força do movimento e a precipitação do freio pelo ritmo e o volume da DSL em movimento. Para mais informações, consulte http://www.athleteconditioning.com.

Opções em *medicine balls*

Assim como os halteres, as *medicine balls* são encontradas em diversos pesos. A maioria das mulheres e crianças exercitam-se com dois, três e quatro quilos. Homens, em geral, escolhem as de aproximadamente quatro e cinco quilos. Para alguns exercícios, atletas de elite usam bolas de cerca de doze a quatorze quilos. (Observe que essas convenções métricas para os pesos da bola não são precisas.) É recomendável que o praticante tente realizar alguns exercícios na academia ou com um *personal trainer* para que tenha uma ideia da variação do peso que melhor se ajuste ao seu nível de força. Ter pelo menos duas *medicine balls*, uma de peso médio e outra pesada, conciliará uma grande quantidade de exercícios. Uma vez definido o peso com que se irá trabalhar, há várias maneiras de tornar um exercício mais difícil, ainda que com bolas de mesmo peso.

Diversos tipos dessas bolas estão disponíveis. Todas elas produzem a carga dinâmica exigida para desenvolver força, por isso a escolha deve ser baseada na preferência individual para as outras características que contenham. As *medicine balls* originais eram grandes e revestidas de couro. Mas pode-se também escolher *medicine balls* de borracha, que são ligeiramente menores que uma bola de basquete. As bolas PowerBounce são produzidas com borracha grossa e virtualmente indestrutíveis, capazes de quicar no chão ou na parede. Hoje em dia muitos optam por bolas para condicionamento físico de revestimento macio. São pequenas e macias, por isso podem ser agarradas com uma única mão. Também são ótimas para exercícios de acompanhamento. Algumas pessoas as consideram mais macias para apanhar. Para mais informações sobre *medicine balls*, acesse http://www.athleteconditioning.com ou dirija-se a uma loja especializada em condicionamento físico.

Notas técnicas

Como treinadores de força e condicionamento, somamos mais de 30 anos de experiência em trabalhos com atletas profissionais e mais de 50 anos combinados de experiência em preparo físico. Assegurar que a técnica apropriada seja respeitada tem sido a base de nosso sucesso. Não se contente com resultados baixos quando estiver treinando a si próprio ou seus clientes. Um componente comum a todos os exercícios em *Exercícios de Força com Bola* é o conceito de preparar os músculos estabilizadores posturais. Você atingirá níveis mais altos de estabilidade e força se conseguir dominar essa técnica e usá-la em seus treinamentos ou nos de seus clientes.

Preparando os abdominais

Desde a primeira edição de *Exercícios de Força com Bola*, muito tem-se debatido sobre o método mais eficaz para preparar os músculos estabilizadores posturais para que seja fornecida uma base sólida quanto a execução de movimentos de um exercício. A declaração a seguir foi citada na primeira edição deste livro: Preparar os abdominais é uma técnica simples, porém importante na fase de preparação de todos os exercícios com *medicine balls* e bolas de estabilidade. Contraia levemente seu umbigo em direção à coluna vertebral e propicie à sua pelve uma anteversão (que enfatiza a curva natural na região lombar da coluna vertebral) para conseguir preparar os abdominais. Essa contração possui uma função significativa. O mais importante, ela inicia o mecanismo de sustentação para a coluna vertebral e o tronco resultante da ativação dos músculos transversos e dos abdominais oblíquos internos. Foi demonstrado que esse movimento de contrair auxilia na redução da compressão sobre a coluna vertebral em até 40%, além de promover a função natural desses músculos. Quando a contração é ativada, ela fornece ao seu corpo uma área de estabilização postural muito maior para a execução dos exercícios (Richardson et al., 1999; Wirhed, 1990).

No livro *Low Back Disorders* (2002), de Stuart McGill, é enfatizada a técnica conhecida como *"bracing"*, caracterizada por uma contração isométrica que resulta em uma coativação dos abdominais oblíquos e dos abdominais transversos. McGill declara que esse método fornece um aumento na estabilidade, além de preparar mais facilmente o corpo para cargas inesperadas. Ele também alega que o método garante uma base maior de atração para os músculos que a técnica de *hollowing* (concavidade), ou de contração, que diminui a base. Nossa experiência consiste em uma combinação das duas técnicas que desencadeiam uma musculatura postural mais sólida. Para tanto, seria incluída também uma pequena concavidade dos músculos abdominais aliada a uma pequena contração isométrica.

Aconselhamos nossos atletas a contraírem 360° ao redor dos músculos estabilizadores posturais a fim de prepará-los. Com crianças mais novas, a fim de auxiliá-las a obter a sensação do *bracing*, brincamos fingindo um soco na barriga – com o qual as crianças instintivamente se contraem. Essa é uma forma simples de se conseguir uma contração isométrica. Para clientes mais velhos, utilizamos a analogia de um corpete de maneira que eles possam sentir o tronco estabilizado antes de cada exercício. Seja qual for o conselho, uma mistura das técnicas de contração e de *bracing* preparam a musculatura postural para absorver e produzir cargas, além de fornecer uma base mais apropriada, pela qual membros superiores e inferiores podem gerar potência. Com o treinamento, as técnicas mencionadas se tornarão naturais. Após semanas de exercícios de força com bola, você perceberá que começará a preparar automaticamente a musculatura postural para tarefas fora da academia, como se esticar para levantar um objeto pesado de uma prateleira ou esquiar em dificílimas pistas mogul (caracterizadas por elevações de neve que constituem obstáculos). Aproveite seus resultados aplicados nas tarefas do dia a dia e em seu esporte favorito.

Precauções

Uma das questões observadas desde o lançamento da primeira edição de *Exercícios de Força com Bola* é o uso incorreto de algumas progressões de exercícios. Por mais adequada que a bola pareça ser para o aumento da força da musculatura postural e da estabilidade, há casos em que ela não deve ser usada. Dois desses casos aplicam-se para pessoas com dores crônicas na região lombar da coluna vertebral e para aqueles que estão apenas começando um programa de fortalecimento. Essas recomendações se baseiam no fato de que um aumento na ativação dos músculos estabilizadores posturais também envolve um aumento na carga sobre a coluna vertebral, o que não representa necessariamente um aspecto negativo, mas indica que a progressão adequada ao final será uma garantia contra qualquer tipo de lesão. Foi sugerido que a progressão adequada incluiria o uso de superfícies estáveis e, então avançaria para superfícies instáveis (McGill, 2002). A inserção de superfícies instáveis como uma bola de estabilidade somente deve ser feita quando o praticante tiver uma estabilidade na coluna vertebral suficiente para aceitar cargas desafiadoras para a musculatura postural sem dores durante e depois do exercício. Possivelmente o praticante sentirá a necessidade de passar de três a oito semanas em superfícies estáveis antes de progredir para o desafio maior do treinamento com a bola de estabilidade.

A seguir estão alguns exercícios estáveis que são recomendados caso você esteja começando um programa. O praticante deverá ser capaz de realizar esses exercícios confortavelmente antes de progredir para os exercícios instáveis mais avançados.

A Figura 2.1 demonstra a Extensão Estática das Costas. Mantenha o corpo em um alinhamento perfeito de maneira que haja uma linha da orelha até o ombro, quadris e joelho. Deve haver uma leve flexão do joelho durante este exercício. Não permita a hiperextensão dos joelhos, o que pode depositar uma tensão indevida sobre a parte posterior dos joelhos. Sua meta neste exercício é manter a posição por cerca de dois a três minutos. Não inicie seu programa tentando completar séries longas. Comece com séries de 30 segundos e aos poucos avance semanalmente acrescentando de 10 a 15 segundos para cada série.

A Figura 2.2 mostra a Elevação Lateral Estática McGill, também conhecida como Apoio Lateral Estático. McGill realizou muitas pesquisas sobre a biomecânica da coluna vertebral. Novamente, como você pode ver na preparação, deve haver uma linha bastante reta que se estenda da cabeça até os pés. Você poderá encontrar dificuldade em começar este movimento pelos pés. Em caso positivo, tente flexionar os joelhos em 90° e por fim progrida para membros inferiores retos. Sua meta neste exercício é manter a posição por 90 a 120 segundos. Comece com séries de 30 segundos e aos poucos avance semanalmente acrescentando de 10 a 15 segundos para cada série.

A Figura 2.3 mostra a Elevação Unilateral do Quadril. Deitado em supinação, flexione o quadril e mantenha essa posição com seus membros inferiores. O joelho contralateral deverá estar flexionado de modo que seu pé fique apoiado no solo. Ajuste sua musculatura postural e pressione seu pé contra o chão para erguer seus quadris.

Figura 2.1 Extensão Estática das Costas.

Figura 2.2 Elevação Lateral Estática McGill.

Pressione até que o joelho, o quadril, e o ombro fiquem alinhados. Sua meta neste movimento é ser capaz de completar pelo menos dez repetições de cada lado com uma boa forma.

Se quiser treinar sua musculatura postural enquanto se concentra em outras partes do corpo, você deverá considerar exercícios que foquem o uso de movimentos unilaterais.

Figura 2.3   Elevação Unilateral do Quadril.

Para atletas se preparando para movimentos dinâmicos de alta potência e entusiastas da boa forma que fazem musculação, os músculos estabilizadores e os intersegmentares da coluna vertebral, dos ombros, dos quadris, dos joelhos e dos tornozelos devem ser bem preparados para que não sejam lesionados. Além disso, podem ser mais bem estimulados e sobrecarregados ao se executar exercícios em um ambiente instável. A bola de estabilidade oferece essas condições, que lhe proporcionarão várias opções viáveis para aprimorar seu kit de acessórios para exercícios.

Termos comuns

Ao usar os exercícios descritos neste livro, você encontrará alguns termos comuns que se referem a posições ou movimentos. Entre eles estão:

Mesa ou ponte: consiste no ato de deitar-se sobre a bola com a cabeça e os joelhos apoiados, mantendo os pés diretamente sob os joelhos, e a musculatura postural encaixada. Nesta posição, você se assemelhará a uma mesa ou ponte.

Supinação: envolve deitar-se de costas ou com a face voltada para cima. Quando você deita em sua cama de costas você está em supinação.

Pronado: envolve deitar-se de bruços ou com a face voltada para o solo. Quando você deita em sua cama com o abdome voltado para baixo você está em uma pronação.

Estático: significa ausência de movimento. Portanto, um exercício que exige uma parada estática resulta na contração dos músculos sem que nenhum movimento seja produzido.

Ao longo deste livro você verá números designando o **ritmo**, como "ritmo 1:1:1". Cada dígito representa uma fase do movimento. Nesse exemplo, há três fases, e cada uma delas deve ser mantida durante um segundo. Em geral o primeiro número representa a redução, ou a parte excêntrica da elevação. O número do meio representa a posição mediana da amplitude de movimento e o número final é a velocidade da parte concêntrica, ou a elevação do peso.

Os conceitos fundamentais abordados neste capítulo podem parecer elementares, mas são cruciais para o êxito na execução dos exercícios prescritos neste livro. Esses conceitos-base guiarão os leitores pelo caminho do sucesso com os programas de exercícios.

Estabilização da Musculatura Postural

Exercícios neste capítulo

CANIVETE

Para transferir a carga para os músculos abdominais inferiores e os flexores do quadril, acrescente este exercício ao seu programa. Ele requer uma estabilidade da musculatura postural e da parte superior do corpo e ativa os abdominais inferiores e os músculos do quadril a fim de trazer a bola em direção ao corpo. O peso na parte inferior do corpo é sustentado pela bola para produzir uma carga contra os flexores do quadril.

Preparação

Em pé atrás da bola, agache-se e posicione seu abdome sobre a bola. Role para a frente até que suas mãos alcancem o solo à frente da bola. Afaste suas mãos até que somente seus pés permaneçam na superfície da bola. Contraia os músculos estabilizadores posturais para conseguir o alinhamento adequado (seu corpo deverá estar alinhado dos pés à cabeça).

Movimento

A partir de uma posição em pronação de flexão dos membros superiores, mantenha os membros inferiores estendidos e flexione-os na altura da cintura para que os quadris se elevem e os joelhos se aproximem do tronco. Essa ação permite que a bola se mova na direção das duas mãos. Mantenha a velocidade do movimento sob controle, com um ritmo 1:1:1.

Finalização

Estenda os membros inferiores para mover a bola de volta à posição inicial. Nesse ponto, ao final de cada repetição, o corpo deve apresentar fortes contrações, formando uma linha reta e nivelada.

Dicas e progressões

- Um método de progressão é acrescentar resistência aos tornozelos, o que pode ser alcançado ao se usar um cabo ou extensor. Assim, ao flexionar os quadris para a frente, você não estará apenas puxando a bola, mas também atuando contra a resistência do cabo.
- Outra progressão é o Canivete Unilateral Modificado com Flexão dos Joelhos. Nessa versão, comece com um único pé sobre a bola. O membro inferior direito fica fora da bola, porém estendido e firme. Arraste a bola em direção ao seu tórax com a ajuda dos músculos abdominais inferiores e dos flexores do quadril. Equilibre-se em um membro inferior nessa posição, mantendo a contração, antes de estender o membro inferior esquerdo de volta à posição de preparação, seguindo um ritmo 1:2:1.

a

b

EQUILÍBRIO EM PRONAÇÃO

O Equilíbrio em Pronação é também conhecido por alguns como a Posição de Apoio em Pronação. Ela propicia um desafio para os músculos estabilizadores posturais no plano sagital.

Preparação

Role sobre uma bola de estabilidade de maneira a posicioná-la sob seus cotovelos em posição em pronação. Você deve se sustentar pelos cotovelos, com os ombros localizados diretamente acima deles. Empregue seus músculos estabilizadores posturais a fim de criar uma ligeira postura cifótica (com as costas curvadas) e mantenha essa posição. Posicione os pés separados e alinhados com a largura do quadril.

Movimento e finalização

Não há um movimento real no Equilíbrio em Pronação, pois esse é um exercício estático. Mantenha a posição descrita por 30 a 120 segundos.

Dicas e progressões

- Você pode usar diversas progressões durante este exercício. Antes de tudo, deve-se considerar a localização dos pés; progrida de uma posição com os pés alinhados com a largura do quadril para uma posição mais restrita ou então unilateral.
- Alterne o membro superior que funciona como alavanca rolando a bola para a frente, de um lado para o outro e em círculos, formando um "oito".
- Acrescente resistência usando um colete com peso ou colocando um saco de areia sobre a região lombar da coluna vetebral.
- Você pode obter maior instabilidade ao posicionar os pés em cima de uma BOSU ou prancha de equilíbrio.
- Veja também o exercício de Permanência em Pronação sobre a Bola com Elevação do Joelho (p. 134) como uma variação em alguns movimentos do quadril.

EQUILÍBRIO EM PRONAÇÃO COM ABERTURA DO QUADRIL

O Equilíbrio em Pronação com Abertura do Quadril é semelhante à Posição de Flexão dos Membros Superiores com Abertura do Quadril (p. 126) e ao Equilíbrio em Pronação. Ele acrescenta o componente de mobilidade do quadril ao Equilíbrio em Pronação e altera o ponto de equilíbrio da posição de Flexão dos Membros Superiores com Abertura do Quadril dos pés para os membros superiores.

Preparação

Role sobre uma bola de estabilidade de modo a posicioná-la sob seus cotovelos em posição de pronação. Você deve se sustentar pelos cotovelos, com os ombros posicionados diretamente acima deles.

Movimento

Flexione um quadril para a frente criando um ângulo de 90°. Aduza os membros inferiores o máximo que puder, forçando essa posição por um segundo e em seguida realize a abdução lateral.

Finalização

Complete um número de repetições e a seguir passe para o outro membro inferior.

Dicas e progressões

- Aumente o desafio desse movimento realizando a extensão do quadril após cada rotação; para fazer isso, após ter executado a abdução do quadril e retornado à posição inicial, estenda o quadril bem para trás, segure, retorne à posição inicial e, então, prossiga com a adução do quadril.
- Aumente a resistência adicionando pesos ao seu tornozelo.

a

b

FLEXÃO DOS MEMBROS SUPERIORES NO SOLO COM PROJEÇÃO DO JOELHO

Este exercício combina uma bola de estabilidade com um aparelho de velocidade para os membros inferiores (*All-Legs Speed Builder*), um acessório que possui dois comprimentos de extensor de força com presilhas nos tornozelos. A quantidade de sobrecarga é apropriada para o trabalho dos músculos abdominais inferiores. Ao se preparar para o exercício, o comprimento do extensor em pré-extensão define a carga experimentada na posição intermediária. Recomenda-se ter ao menos uma pré-extensão leve no extensor. Isso torna a carga e o movimento mais suaves.

Preparação

Comece agachado atrás da bola de estabilidade, movendo-se para cima da bola e afastando-se (com as mãos) até que esteja em uma posição em pronação com flexão dos membros superiores, mãos no solo, pé em cima da bola. Com os membros superiores estendidos, use a retração escapular para preparar a região cervical da coluna vertebral antes de flexionar os cotovelos. Você saberá se está na posição correta caso sinta uma carga na parte superior das costas, e não apenas nos ombros e nos membros superiores. Contraia os músculos estabilizadores posturais para sustentar uma posição estável sobre a bola, mantendo os quadris elevados no mesmo nível dos pés e dos ombros.

Movimento

Complete uma flexão dos membros superiores, e, em seguida, mantenha-os quase retos enquanto flexiona os joelhos em direção ao tórax. Quando flexionar os joelhos em direção ao tórax, você sentirá a sobrecarga do aparelho de velocidade para os membros inferiores desafiando os abdominais inferiores. Faça uma pausa antes de estender os membros inferiores de maneira lenta para retornar à posição de preparação.

Dicas e progressões

- Você terá um maior ganho de força ao seguir movimentos lentos e regulares a fim de manter os músculos sob tensão por períodos mais longos. Tenha como meta alcançar uma série de dez repetições com um ritmo 2:2:2, levando dois segundos para realizar a fase de flexão dos membros superiores, dois segundos para projetar os joelhos em direção ao tórax e dois segundos para estender os membros inferiores, em um total de 60 segundos.
- Para diminuir a carga na parte superior do corpo e se concentrar na força dos músculos estabilizadores posturais, altere a proporção de flexões dos membros superiores em relação a flexões do joelho. Por exemplo, faça uma flexão do membro superior seguida de três flexões do joelho ou elimine a flexão dos membros superiores, mantendo a posição em pronação e completando mais flexões do joelho. Esse enfoque funciona bem se você aumentar a quantidade de carga que estiver usando.

a

b

QUEDA DE PONTE EM "T"

A ponte (*bridge*) é uma posição-chave a partir da qual dezenas de exercícios se originam. As Quedas de Ponte ativam os músculos abdominais profundos e todos os músculos estabilizadores posturais a fim de manter a ponte, frear antes de cair e tracionar o corpo de volta à posição. Este exercício trabalha em 360° ao redor do tronco.

Preparação

Sente-se sobre a bola e role o corpo lentamente para a frente de maneira que seus quadris se movam para fora da área da bola. Continue até que a parte medial de suas costas esteja em cima da bola. Você sentirá suas escápulas na parte de cima ou no meio da bola. Seus pés estarão apoiados no solo e separados à largura dos ombros, com as coxas paralelas à superfície do solo. O segredo para uma ponte funcional é elevar seus quadris a fim de formar uma linha reta do pescoço até os joelhos. Assegure-se de que está mantendo seus quadris elevados e firmes. Eleve lateralmente seus membros superiores para que com seu tronco formem um "T".

Movimento

Transfira de maneira lenta seu peso para um lado, rolando lateralmente sobre o tríceps. Mantenha os quadris elevados, não permitindo qualquer rotação nos quadris ou ombros. Mova-se lateralmente o máximo que puder sem perder sua posição rígida e sem cair da bola.

Finalização

Usando os músculos estabilizadores posturais, traga o seu corpo de volta para a bola até que suas escápulas estejam novamente sobre a sua superfície. Continue a mover-se para o outro lado e repita o movimento.

Dicas e progressões

- Coloque um apoio de um ombro ao outro a fim de analisar a estabilidade e o alinhamento do corpo; qualquer rotação do quadril ou do tronco ficará evidente quando o apoio rolar ou inclinar e cair.
- A execução bem-sucedida do Quedas de Ponte pode levar a uma reação de queda; quando seu parceiro o empurra levemente para a esquerda ou para a direita, você deve reagir e desacelerar o movimento com seus músculos estabilizadores posturais, revertendo o movimento antes de cair da bola. Esse procedimento é mais comum em esportes, pois em geral os não atletas não se preocupam tanto em relação à técnica propriamente dita, mas em produzir a função resultante. Você terá uma tendência a rolar seu tronco ao ser empurrado para amplitudes laterais extremas antes de frear e retornar à posição intermediária de preparação.

a

b

ELEVAÇÃO LATERAL MCGILL COM ADUÇÃO ESTÁTICA DO QUADRIL

Este exercício leva o nome de Stuart McGill, um dos principais pesquisadores do mundo sobre assuntos relacionados à coluna vertebral, da Universidade de Waterloo. Este movimento concentra-se no plano frontal dos músculos estabilizadores posturais ao passo que incorpora os adutores do quadril.

Preparação

Fique em decúbito lateral em um colchonete apoiando-se sobre o cotovelo. Ajuste seu corpo de modo que fique apoiado lateralmente. Posicione uma bola de estabilidade entre seus pés e a pressione para ativar os adutores de seus quadris.

Movimento

Enrijeça seus músculos estabilizadores posturais e eleve lateralmente seu corpo do solo, mantendo a contração do adutor na bola. O ombro, os quadris e os joelhos deverão formar uma linha reta. Mantenha a posição contraída durante um ou dois segundos.

Finalização

Após manter a posição contraída, abaixe-se de volta à posição inicial. Ao abaixar seus quadris, não permita que seu corpo descanse. Quando estiver aproximadamente a um centímetro do solo, levante o corpo novamente. Faça o mesmo no lado oposto após completar as repetições.

Dicas e progressões

- Para trabalhar a força estática e a estabilidade da sua musculatura postural, tente manter-se estático na posição contraída, o que pode durar entre 30 e 90 segundos para cada lado.
- Acrescente uma resistência adicional posicionando um saco de areia ou um colete de pesos sobre os quadris.

TESOURAS ESTABILIZADORAS EM SUPINAÇÃO

Embora este exercício tenha um nome semelhante ao Tesouras Rotadoras em Supinação (p. 96), Tesouras Estabilizadoras em Supinação se difere principalmente por utilizar a bola como base de apoio e concentrar-se na força do plano sagital.

Preparação

Posicione uma bola à frente de algo sólido ao qual você possa se fixar – um *power rack* ou uma peça sólida de algum equipamento. A altura na qual você terá de se segurar é aproximadamente a dos quadris. Deite-se em supinação sobre a bola de estabilidade de maneira a proporcionar apoio para a região lombar da coluna vertebral. Alongue-se e agarre a barra com os membros superiores estendidos. Seus membros inferiores também deverão estar estendidos e paralelos ao solo.

Movimento

Inicie o movimento elevando um membro inferior e abaixando o outro em cerca de 10 a 15°.

Finalização

Mantenha essa posição por um segundo e em seguida troque de membro inferior.

Dicas e progressões

Este movimento propicia um grande desafio para a região lombar da coluna vertebral e para os músculos abdominais do ponto de vista da estabilidade. Uma possível sensação de dor durante este movimento poderá ser resultante da falta de força base necessária para manter a posição. Nesse caso, você pode tentar executar o movimento com os joelhos flexionados.

a

b

PONTE COM *MEDICINE BALL* EM QUEDA

Este exercício exige que os músculos estabilizadores posturais desacelerem de maneira excêntrica uma carga em queda (a *medicine ball*) ao mesmo tempo que produz estabilidade a fim de manter a ponte básica, equilibrar e retomar o equilíbrio após pegar a bola.

Preparação

Sente-se sobre a bola e role o corpo lentamente para a frente de modo que seus quadris se movam para fora da área da bola. Continue até que a região torácica de sua coluna vertebral esteja em cima da bola. Suas escápulas estarão na parte de cima ou do meio da bola. Seus pés estarão apoiados no solo e separados à largura dos ombros, e as coxas paralelas ao chão. O segredo para uma ponte funcional é elevar seus quadris para formar uma linha reta do pescoço até os joelhos. Mantenha seus quadris firmemente elevados. Estenda os membros superiores acima do tórax, preparando as mãos para pegar a bola.

Movimento

Seu parceiro permanecerá à sua frente, jogando uma *medicine ball* de maneira que ela caia fora de seu centro de gravidade. Você deverá rotar ligeiramente o corpo para apanhar a bola enquanto ela cai à direita ou à esquerda do seu tórax. Apanhe a bola mantendo os quadris elevados.

Finalização

Pare, equilibre e arremesse a bola de volta para o seu parceiro antes de usar seus músculos estabilizadores posturais para retornar à posição inicial em preparação para a próxima repetição.

Dicas e progressões

- Arremesse a *medicine ball* de maneira aleatória da esquerda para a direita, sobre os ombros até o nível da cintura, assim como sobre a cabeça.
- Informe o observador caso você consiga apanhar arremessos mais desafiadores.
- Da mesma forma, o observador precisa lembrá-lo de manter seus quadris firmemente elevados e de trazer os pés de volta à posição inicial; a maioria das pessoas amplia suas posições automaticamente ao apanhar a bola em vez de concentrar-se na força dos músculos estabilizadores posturais.
- Para aumentar a dificuldade do exercício, junte os pés.

a

b

ABRAÇO NA BOLA EM PONTE

O Abraço na Bola em Ponte introduz o conceito de contrações dinâmicas e estáticas no mesmo exercício.

Preparação

Sente-se sobre a bola e role o corpo de uma forma lenta para a frente a fim de que seus quadris se movam para fora da área da bola. Continue até que a região torácica da coluna vertebral esteja em cima da bola e as escápulas, na parte de cima ou do meio dela. Seus pés estarão apoiados no solo, com a coxa paralela a este, e separados à largura dos ombros. Para uma ponte funcional ser bem executada eleve seus quadris de maneira a formar uma linha reta do pescoço até os joelhos. Mantenha seus quadris firmemente elevados. Coloque outra bola sobre seu tórax e envolva-a com seus membros superiores como se estivesse abraçando-a.

Movimento

Mantenha a posição da preparação enquanto seu parceiro começa a distribuir tapas na bola em ângulos variados. Recomenda-se segurar a bola o mais firme possível e limitar o movimento do seu corpo e o da bola durante os golpes. Enrijecer os músculos abdominais durante este exercício auxiliará na estabilização do corpo.

Finalização

Este exercício é finalizado quando você completar o número total de tapas na bola em uma série; para cada uma são recomendados cerca de 20 a 30 tapas.

Dicas e progressões

Aumente a dificuldade segurando a bola longe do seu corpo com os membros superiores estendidos acima de seu tórax.

ABRAÇO NA BOLA EM PÉ

O Abraço na Bola em Pé é uma progressão da posição em ponte. A posição ereta é a mais específica aos esportes em que você poderá estar.

Preparação

Posicione seus pés separados à largura dos ombros, com os quadris para trás e os ombros à frente em relação aos joelhos. Esta é uma posição muito esportiva que deve ser mantida para este exercício. Nessa posição, abrace a bola à altura do tronco.

Movimento

O seu parceiro começa golpeando e empurrando a bola em direções variadas enquanto você tenta manter sua posição inicial.

Finalização

Este exercício é finalizado quando você completar o número total de tapas em uma série; para cada uma são recomendados cerca de 20 a 30 tapas.

Dicas e progressões

Aumente a demanda de força e recrutamento muscular solicitando ao seu parceiro que empurre a bola com mais força. Utilize empurrões rápidos a fim de reter a reatividade que as pancadas na bola produzem.

POSSE DA BOLA EM CADEIA CINÉTICA FECHADA

Este exercício pode representar um acréscimo ou uma substituição aos abraços na bola; a diferença é o uso de uma posição esportiva e a ação de segurar a bola longe do corpo. Este exercício é essencial para qualquer atleta, pois desenvolve força e estabilidade. Desenvolver a estabilidade da musculatura postural na cadeia cinética fechada é um passo crucial para associar essa musculatura com a postura e o desenvolvimento da musculatura dos estabilizadores posturais a fim de contribuir para a força do corpo inteiro, bem como para exercícios de movimento.

Preparação

Permaneça em uma posição de prontidão esportiva com seus pés separados à largura dos ombros e mantenha os tornozelos, os joelhos e os quadris levemente flexionados. Segure uma bola de estabilidade à sua frente à altura do tórax com os membros superiores quase totalmente estendidos e com as mãos pressionando as laterais da bola. Enrijeça seus ombros e a região torácica da sua coluna vertebral contraindo as escápulas para cima, para trás e para baixo de maneira que seu tórax fique erguido e projetado. Pressionar a bola de estabilidade ajudará a estabilizar as escápulas. Não permita que a bola de estabilidade toque seu tronco.

Movimento

Um parceiro de treino ou treinador aplica fortes empurrões de três segundos, alternando diretamente entre esquerda e direita. Mantenha os músculos estabilizadores posturais contraídos, assim como a região torácica da coluna vertebral, os quadris e a parte inferior do corpo. Controle sua posição, tentando evitar que seu parceiro movimente a bola de sua posição inicial. Imagine-se fixo nessa posição, empregando força para evitar que a bola seja empurrada para longe da linha mediana. Trave sua caixa torácica sobre seus quadris para evitar qualquer rotação do tronco ou flexão e extensão.

Dicas e progressões

- O empurrão é cronometrado em três segundos para lhe dispor tempo de entender quais músculos ativar para contrabalançar o empurrão e obter fortes contrações musculares.
- Os parceiros não devem ter receio de aplicar força. Se o praticante apresentar rotação excessiva, diminua a intensidade; se o praticante estiver bem fixo, acrescente mais força.
- Para aumentar a dificuldade, aplique mais força ou segure a bola mais distante do corpo, o que aumenta a amplitude de alavanca da bola até a linha mediana.
- Você também pode começar a variar a direção do empurrão, acrescentando padrões diagonais e verticais.

- Após um número de séries com empurrões constantes, diminua a amplitude de cada empurrão ao mesmo tempo que aumenta o ritmo das sequências, aplicando golpes rápidos e repetidos (repetições rápidas) em várias direções.
- Quando não estiver mais sendo desafiado, progrida fechando os olhos.

POSSE DA BOLA COM SALTO LATERAL

Este exercício é semelhante em princípio ao exercício em que você segura a bola com a cadeia cinética fechada. Ele incorpora a mecânica de movimentos laterais à estabilidade da musculatura postural do Posse da Bola em Cadeia Cinética Fechada, relacionando-a à desaceleração lateral e ao desequilíbrio.

Preparação

É necessário espaço suficiente para dois atletas pularem de um lado para o outro. Inicie em uma posição esportiva com os pés separados à largura dos ombros e com os tornozelos, joelhos e quadris levemente flexionados. Segure uma bola de estabilidade à sua frente à altura do tórax com os membros superiores quase totalmente estendidos e com as mãos pressionando as laterais da bola. Enrijeça seus ombros e a região torácica de sua coluna vertebral contraindo suas escápulas para cima, para trás e para baixo a fim de que seu tórax fique erguido e projetado. Pressionar a bola de estabilidade ajudará a estabilizar as escápulas. Não permita que a bola toque seu tronco.

Movimento

Para iniciar o exercício, faça uma pré-carga nos membros inferiores e pule lateralmente um pouco mais de meio metro à sua esquerda. Apoie seu pé suavemente, absorvendo o impacto com seus músculos estabilizadores posturais e uma flexão tripla dos tornozelos, joelhos e quadris. Imediatamente após tocar o pé no solo, peça ao seu parceiro ou treinador que aplique empurrões de três segundos na bola, com força. Imagine a sequência *solo-contrair-segurar*. Mantenha os ombros estabilizados e o tórax erguido a fim de prevenir qualquer movimento da bola e qualquer desvio postural. Repita na direção oposta, e alterne pulos para a esquerda e para a direita por 12 repetições no total.

Dicas e progressões

- Na primeira vez em que tentar esse exercício, comece pulando distâncias curtas ao mesmo tempo que seu parceiro atrasa o empurrão, permitindo a você chegar ao solo e estabelecer sua postura antes de empurrar a bola.
- Progrida pulando distâncias maiores, aumentando a carga lateral.
- Em seguida, seu parceiro aplica empurrões assim que você toca o chão após o salto lateral. Para que seu pouso seja seguro, procure estabelecer um ângulo positivo, plantando a parte lateral do pé além de seus quadris. Flexione os pés dorsalmente e contraia os dedos, a fim de estabilizar o calcanhar antes de atingir o solo, o que ajuda a prevenir entorses por inversão.
- Para impor sobrecargas variadas ao corpo, você poderá usar também uma bola de estabilidade DSL; quando tocar o solo após o salto lateral, a carga na parte interna dessa bola será transferida de modo que seus músculos estabilizadores posturais também tenham que se endireitar para absorver o impacto à medida que seus ombros carregam a bola com peso contra a gravidade.

a

b

FLEXÃO DOS MEMBROS SUPERIORES COM EQUILÍBRIO

Toda a parte superior do corpo e grupos de músculos estabilizadores posturais é ativada para promover uma estabilização com esse exercício. É uma boa maneira de sobrecarregar os músculos sem carregar pesos olímpicos.

Preparação

Em pé, atrás da bola, coloque as suas mãos sobre ela à largura do ombro. Arraste seus pés para trás até que seu tórax esteja sobre a bola e seu corpo esteja apoiado nos dedos do pé.

Movimento

Flexione os cotovelos a fim de abaixar seu tórax até a bola, declinando-os lentamente até 90°. Mantenha seus músculos estabilizadores posturais firmemente contraídos; não deixe seus quadris relaxarem e curvarem-se. Mantenha-se embaixo por dois segundos. Conserve seus ombros e quadris retos.

Finalização

Estenda os membros superiores para que seu corpo retorne à posição inicial.

Dicas e progressões

- Na posição de flexão dos membros superiores, levante um pé do solo e trabalhe o equilíbrio ao descer e realizar a flexão.
- Na fase de preparação, coloque suas mãos nas laterais da bola; pressione a bola enquanto abaixa e levanta seu corpo.

a

b

FLEXÃO DOS MEMBROS SUPERIORES INVERTIDA COM EQUILÍBRIO

Um posicionamento elevado dos pés transfere maior carga para a parte superior do corpo e exige maior estabilidade da musculatura postural e do quadril. Recomendamos este exercício combinado às flexões de equilíbrio.

Preparação

Em pé, atrás da bola, agache-se e posicione seu abdome em cima dela. Role para a frente até que suas mãos alcancem o solo em frente à bola. Caminhe com as mãos até que somente seus pés permaneçam em cima dela. Contraia a musculatura postural a fim de manter um encadeamento rígido – seu corpo deve estar alinhado dos pés a cabeça.

Movimento

Ao flexionar os cotovelos para abaixar seu tórax até o chão, mantenha seu equilíbrio sobre a bola. Conserve seu tronco reto em direção ao solo.

Finalização

Mantenha-se embaixo por um segundo, e então estenda seus membros superiores para trazer seu corpo de volta à posição inicial.

Dicas e progressões

Uma vez na posição de preparação, peça a um observador que posicione uma prancha de equilíbrio sob suas mãos a fim de produzir uma dupla instabilidade. Ao abaixar-se para realizar a flexão, você deve manter seus pés equilibrados sobre a bola ao mesmo tempo que equilibra seus membros superiores na prancha. Sua musculatura postural deverá estar firmemente contraída a fim de associar o corpo às suas posições de instabilidade.

a

b

SUBIDA E DESCIDA

Este é um excelente exercício para adquirir estabilidade na parte superior do corpo, na pelve e no tronco, além de força no deltoide posterior e nos membros superiores.

Preparação

Comece em uma posição de Apoio em Pronação sobre a bola com seus cotovelos separados à largura dos ombros e flexionados em 90°. Seus antebraços devem estar diretamente sobre a bola, e seus pés separados em uma distância um pouco maior que a largura dos ombros. Mantenha a sua musculatura postural contraída de maneira que seus tornozelos, joelhos, quadris e ombros estejam todos alinhados. Contraia sua musculatura postural e os estabilizadores do ombro.

Movimento

Inicie o movimento trazendo seu membro superior direito para cima e posicionando sua mão direita sobre a bola. A seguir, faça uma flexão do membro superior e esti-que o cotovelo de modo a deixá-lo totalmente estendido. Imediatamente depois, projete o cotovelo esquerdo e rapidamente posicione a mão esquerda na posição em que ele estava. Ao executar esse movimento, tente evitar a rotação de seus quadris de um lado para o outro.

Posição intermediária

Nesse momento você deverá estar em uma posição de Apoio em Pronação com as mãos sobre a bola. Sua musculatura postural ficará contraída a fim de evitar o arqueamento da região lombar da coluna vertebral.

Finalização

Contraia a musculatura postural novamente e inverta o movimento que o levan-tou. Traga o membro superior direito para cima, e em seguida posicione o cotovelo direito onde sua mão estava, usando seu membro superior esquerdo para abaixar seu corpo de maneira controlada. Levante a mão esquerda e posicione o cotovelo esquer-do no local onde ela estava. Repita quantas vezes desejar. Certifique-se de fazer o mesmo ao começar o movimento com seu membro superior esquerdo.

Dicas e progressões

- Às vezes são necessárias algumas tentativas para se obter o ritmo e a sensibilidade exigidos a fim de executar o exercício corretamente; para este exercício, você pode-rá optar por ter um observador ou posicionar a bola contra um halter a fim de obter mais estabilidade.
- Para uma progressão, estreite sua base de apoio aproximando mais seus pés.
- Tem-se um maior desafio ao desacelerar o movimento de uma forma geral, com fases mais longas de carga antes do próximo movimento.

- Para aqueles que não conseguem estabilizar as transições de um membro superior, uma bola de estabilidade DSL propiciará uma base mais estável na qual será possível tentar fazer o exercício.

a

b

PERMANÊNCIA DE JOELHOS E POSIÇÃO DE RELÓGIO

Qualquer tipo de exercício pode ser avaliado pela relação risco/benefício. Por exemplo, não permitimos que nossos clientes fiquem em pé sobre a bola. Embora alguns sejam capazes, os riscos de uma grande queda e lesão são altos. Parte da avaliação é a estratégia de saída caso ocorram problemas. Existem meias-bolas chamadas BOSU *Balance Trainers*, com centenas de exercícios em pé e uma estratégia simples de saída de retirar o pé da bola. Com as bolas de estabilidade, o máximo que conseguimos é ajoelharmo-nos sobre elas. O centro de massa permanece próximo à bola e, para sair, os pés facilmente deslizam da bola em direção ao solo. Manter-se ajoelhado e movimentos de relógio são ótimos para o aumento da produção de potência em diferentes direções e para refinar o controle dos quadris e do abdome.

Preparação

Para subir na bola, posicione as mãos, e em seguida os joelhos, sobre a parte frontal superior da bola. Role para a frente enquanto solta as mãos. Posicione os membros inferiores próximos um do outro e eleve-se por meio da caixa torácica a fim de desencadear uma postura ereta. Os membros superiores podem ser flexionados lateralmente, assumindo uma posição neutra.

Em suas primeiras tentativas neste exercício, peça a um observador que fique à sua frente com um membro superior flexionado. Segure o antebraço do observador para ajudar a si mesmo a se levantar sobre a bola e a se manter estabilizado. Solte o membro superior do observador de maneira gradual. A posição dele à sua frente lhe facilita se segurar e evitar cair da bola para a frente. As outras três opções de saída – para trás, para a esquerda e para a direita – são mais fáceis para se colocar os pés no chão. Use um posicionamento mais amplo dos membros inferiores a fim de permitir que os adutores comprimam a bola para auxiliá-lo a se equilibrar, e mantenha os quadris próximos aos tornozelos, abaixando seu centro de massa.

Movimento

Nas primeiras séries que realizar esse exercício, esforce-se para permanecer em cima da bola, reagindo por meio de quaisquer respostas corretivas necessárias aos desvios de equilíbrio. É como uma tacada no golfe – quando você pensa que conseguiu, ela torna-se difícil novamente. Contraia o corpo de maneira firme e faça pequenos ajustes para voltar a bola à posição inicial, centrando seu peso em cima dela.

Dicas e progressões

- Se achar difícil permanecer em cima da bola, escolha uma bola de estabilidade DSL, o que diminuirá a instabilidade e o ajudará a obter êxito em manter-se ajoelhado.
- Ao final da série, a fim de avançar no exercício, altere intencionalmente o centro de massa sobre a bola, o que obriga você a contrair os músculos certos no grau correto para retornar à posição centrada. Comece com transferências de uma

polegada em uma posição de 3 horas, depois de 6 horas, de 9 horas e de 12 horas. Aprenda a dosar a quantidade de potência gerada a fim de evitar um superajuste. Nos movimentos laterais de 3 e 9 horas, aumente de modo gradual a quantidade de deslocamento até que esteja se esforçando para encontrar e manter uma posição de finalização com um membro inferior em cima da bola e com o outro projetado lateralmente, conforme mostrado na Figura *b*, alternando de um lado para o outro sem encostar os pés no solo. Esse procedimento cria uma demanda adicional para o controle e a força dos quadris, que são essenciais para movimentos unilaterais.

a

b

AUTOPASSE AJOELHADO NA BOLA E ACOMPANHAMENTO

Este é um exercício divertido que obriga os praticantes a pensar na melhor maneira de completá-lo com uma aguçada consciência corporal.

Preparação

Comece ajoelhando-se sobre a bola – com os glúteos afastados dos calcanhares, o tronco elevado, as costas em uma posição neutra e os músculos estabilizadores posturais encaixados.

Movimento

Inicie passando a *medicine ball* de um lado para o outro, de uma das mãos para a outra com os membros superiores à frente. Progrida realizando os passes sobre a cabeça.

Dicas e progressões

- Comece com passes curtos e progrida para passes mais longos.
- Progrida ainda mais restringindo sua visão para a bola à medida que ela se desloca de um lado ao outro à sua frente e, também, acima da sua cabeça e para o lado oposto.

JOÃO-BOBO SENTADO

Divirta-se com este! É um ótimo exercício de aquecimento que estimula a força da musculatura postural e a responsividade.

Preparação

Comece sentando-se com as costas eretas sobre uma bola de estabilidade com os músculos estabilizadores posturais encaixados. Encontre um ponto de equilíbrio que lhe possibilite levantar os pés a poucos centímetros do chão. A fim de evitar o uso excessivo dos flexores do quadril durante esta posição, incline levemente as costas de maneira que o ângulo dos quadris seja 90° ou mais.

Movimento

Entre duas ou mais pessoas sentadas sobre bolas de estabilidade, passe uma bola com peso de um lado para o outro. Não permita que seus pés toquem o chão.

Dicas e progressões

- Este é um excelente exercício para "quebrar o gelo" e pode ser facilmente transformado em um jogo. Desse modo, divirta-se – conte o número de passes bem-sucedidos, conte por quanto tempo você consegue continuar até que alguém toque o pé no solo ou quantos passes você consegue realizar em um tempo determinado, ou ainda acrescente mais algumas *medicine balls* a esse exercício.
- Você poderá progredir usando bolas mais pesadas, aumentando a distância entre os arremessos ou fazendo os passes mais distantes da linha mediana (mas ainda ao alcance).

CAPTURA DA *MEDICINE BALL* AJOELHADO

Este exercício exige que uma carga dinâmica seja apanhada em uma posição instável. Ao remover a ação excêntrica dos membros inferiores, toda a responsabilidade de estabilização é deixada para a musculatura postural.

Preparação

Para subir na bola, posicione as mãos, e, em seguida, os joelhos, sobre a parte frontal superior da bola. Role para a frente à medida que solta as mãos. Posicione os membros inferiores próximos um do outro e eleve-se por meio da caixa torácica a fim de obter uma postura ereta. Contraia a musculatura postural e ajuste a região torácica da coluna vertebral. Estenda os membros superiores à altura do tórax. Seu treinador ou parceiro posiciona-se a aproximadamente 1,8 m de distância, diretamente à sua frente.

Movimento

Fique o mais firme que puder sobre a parte superior da bola, fazendo contínuos e pequenos ajustes a qualquer sinal de desequilíbrio. O treinador começa a passar a bola na direção da linha mediana, diretamente para as suas mãos. Flexione os cotovelos de maneira a amortecer a captura, ao mesmo tempo que contrai, por meio dos músculos estabilizadores posturais, os glúteos e os adutores para manter seu peso centrado sobre a bola. Ao assegurar uma posição estável, passe a bola de volta para o treinador, prepare-se para interromper o movimento após o lançamento da bola e permaneça em cima da bola.

Dicas e progressões

• Caso não consiga estar no controle deste exercício, substitua-o por outros dois: mantendo-se ajoelhado e em posição de relógio, com o passe da *medicine ball* de ombro a ombro (p. 54 e 204). Depois de aperfeiçoar as progressões em ambos os exercícios, tente novamente a Captura da *Medicine Ball* Ajoelhado.

• Para trabalhar em uma sobrecarga progressiva, o treinador poderá realizar passes fora de alinhamento com a linha mediana, de modo que você possa apanhar a *medicine ball* à frente de um ombro, tornando a estabilização sobre a bola mais difícil;

• Em seguida, o treinador posiciona-se em um lado para distribuir passes cruzados a fim de que você possa apanhar a *medicine ball* com as duas mãos à frente do corpo, permitindo uma leve rotação enquanto mantém o controle.

a

b

MESA PROGRESSIVA

Este exercício utiliza uma posição de quatro apoios para ativar a musculatura postural, integrando instabilidade e uma base de apoio reduzida a fim de aumentar a ativação dos músculos.

Preparação

Em pé, posicione seus joelhos encostados à bola, colocando as mãos na parte superior dela. Projete seu peso para as mãos à medida que o transfere para a frente, retirando os pés do chão. Em uma posição de quatro apoios, os joelhos estão em cima da bola e as mãos, ligeiramente à frente. Contraia a musculatura postural.

Movimento

Contraia os glúteos, os quadris, o abdome, as costas e os ombros para firmar-se nessa posição, fazendo pequenos ajustes para corrigir quaisquer desequilíbrios. Concentre-se em deixar a região torácica da coluna vertebral em uma posição enrijecida, mantendo e corrigindo o movimento sem arquear os ombros. Eleve um membro superior, mantendo-o estendido paralelo ao tronco. Alterne os membros superiores.

Dicas e progressões

- Aumente a força da musculatura postural tentando a mesma manobra com um membro inferior. Levante um joelho e estenda o membro inferior para trás, nivelado aos quadris e paralelo ao solo. Os glúteos serão ativados de maneira extrema e, do mesmo modo, os ombros e o músculo latíssimo do dorso trabalharão intensamente a fim de manter a posição sobre a bola.
- Sendo capaz de sustentar e estender o membro inferior com uma sólida coordenação por 20 segundos, você estará pronto para progredir os membros superior e inferior contralaterais, elevando-os conforme mostrado na Figura *b*.
- Se não estiver apto para atingir a mesa original na bola, adote as progressões listadas anteriormente (membro superior elevado, progressão para o membro inferior, progressão para os membros superior e inferior contralaterais), mas faça-as em um colchonete sobre o chão; essa medida o ajudará a desenvolver a força necessária para finalmente conseguir apoiar-se na bola a fim de assumir a posição de mesa.

a

b

ROLAMENTO DE JOELHOS

Este é um excelente exercício para sobrecarregar a musculatura postural por meio de uma amplitude de movimento completa com o movimento natural de rolamento. Rolamentos produzem alongamentos excêntricos assim como contrações isométricas. Este exercício trabalha também o tórax, as costas, os ombros e os grupos musculares do tríceps.

Preparação

Ajoelhe-se em frente a uma bola e produza uma inclinação pélvica, projetando os glúteos para a frente e contraindo seu umbigo em direção à sua coluna vertebral. Posicione as mãos na parte superior da bola e retire os pés do chão. Esse procedimento permite que seus joelhos tornem-se o ponto central. Caminhe com as mãos sobre a bola, movendo seus membros superiores e a bola para longe do corpo. Quando sentir que seu abdome está começando a trabalhar, você alcançou a posição inicial.

Movimento

Nesse momento suas mãos permanecerão imóveis sobre a bola. Com os joelhos como ponto central, projete seu tronco e os quadris para a frente conforme a bola rola para longe do seu corpo. Continue se movendo até que seu tórax desça. Mantenha-o o mais reto possível, evitando uma pose de super-homem. Caso sinta qualquer distensão na região lombar da coluna vertebral, certifique-se de que não está assumindo a pose do super-homem. Se o desconforto nas costas persistir, retorne à fase de preparação e verifique sua inclinação pélvica.

Finalização

Mantenha a máxima extensão do corpo por dois segundos e então role de volta à posição inicial.

Dicas e progressões

- Na posição estendida do rolamento, em vez de manter a bola parada por dois segundos, mova-a para longe da sua linha mediana a fim de aplicar demanda adicional aos músculos estabilizadores posturais. Tente uma posição-padrão em "oito" ou um movimento de lado a lado objetivando mover sua mão direita diante de seu ombro esquerdo (e, inversamente, a mão esquerda diante do ombro direito), ou escolha uma palavra para soletrar. Por exemplo, em uma posição bem estendida, mova a bola soletrando cada letra da palavra "força", o que ajuda a completar uma repetição antes de você retornar à posição inicial.
- Progrida para um rolamento com apenas um membro superior. Mantenha a bola posicionada abaixo da cintura e remova uma mão para executar o rolamento de joelhos com um único membro superior.

- Complete o rolamento de joelhos com um único membro superior com a bola posicionada longe da sua linha mediana, mais alinhada ao membro superior utilizado. Esse procedimento resultará em uma carga adicional para o ombro, tríceps e abdome. Os músculos estabilizadores trabalharão mais a fim de impedir a rotação do quadril e do tronco.

a

b

ROLAMENTO EM PÉ

Este é um excelente exercício para desafiar a força da musculatura postural. Proporciona uma carga avançada e também ensina a consciência corporal e habilidades de transferência de peso. Quanto maior for a alavanca que o praticante produz, mais força será necessária através dos braços.

Preparação

Adote uma postura esportiva rebaixada com seus tornozelos, joelhos e quadris flexionados em um agachamento forçado e a bola à sua frente. Apoie-se no quadril de maneira que suas costas ainda estejam niveladas e posicione as pontas dos seus dedos no declive da bola (na área mais próxima a você). Nessa posição, o seu peso está sobre os membros inferiores. Os seus ombros estão diretamente acima de suas mãos, e os seus glúteos estão em um plano inferior ao dos seus ombros.

Movimento

Transfira o seu peso sobre as mãos na bola, encaixe a musculatura postural e role a bola para a frente. Ao fazer o rolamento para a frente, mantenha seu peso sobre as mãos ao mesmo tempo que fizer lentamente uma extensão dos quadris e dos joelhos a fim de que seus ombros, quadris e joelhos estejam em um alinhamento mais horizontal.

Posição intermediária

Na posição intermediária, você deverá adotar uma posição de Apoio em Pronação com as costas niveladas, as mãos sobre a bola e os membros inferiores estendidos quase totalmente. Sua musculatura postural está encaixada a fim de evitar o arqueamento da região lombar da coluna vertebral.

Finalização

Inverta o movimento transferindo o peso das mãos e dos dedos do pé para que ele seja distribuído igualmente nos pés; e as pontas dos dedos da mão estejam de volta ao declive da bola.

Dicas e progressões

Para este exercício, você talvez prefira começar com movimentos lentos a fim de manter a postura, assim como para ter o compartimento anterior da musculatura postural por mais tempo sob tensão. Inicie com rolamentos bem pequenos, e então progrida para rolamentos mais extensos, trabalhando até uma extensão total dos joelhos, quadris e ombros.

a

b

ROLAMENTO DE SOBREVIVÊNCIA COM DUAS BOLAS

Este exercício oferece um desafio interessante e divertido. Menos atenção é concentrada na técnica corporal; ao contrário, os praticantes descobrirão o mecanismo correto à medida que exploram como permanecer sobre as bolas. Esse procedimento gera uma ativação completa da musculatura dos ombros, das costas, do abdome e dos quadris, que devem trabalhar com extremo afinco para que cada repetição seja completada. Você precisará sustentar seu peso corporal e evitar movimentos laterais da bola com contrações dos músculos, a fim de corrigir perdas de equilíbrio.

Preparação

Selecione duas bolas de diferentes tamanhos e posicione-as separadas a uma distância de aproximadamente 15 centímetros. Posicione a eminência tenar das mãos acima da parte posterior da bola maior, à sua frente, ao mesmo tempo que apoia os joelhos na bola menor, que está atrás de você. Fique em uma posição ajoelhada, com o quadril abaixado, as mãos na bola da frente, e enrijeça a região torácica da coluna vertebral.

Movimento

Transfira parte do seu peso para as mãos e trabalhe para manter essa posição sem cair das bolas. Reaja a quaisquer desvios no equilíbrio retornando à posição centrada.

Dicas e progressões

- Depois de aprender como permanecer em cima das duas bolas com menos desvios de movimento, progrida para o rolamento com duas bolas no qual você estende seus membros superiores e inferiores a fim de criar uma maior separação entre elas. Inicie movendo as duas bolas 2,5 centímetros e retorne à posição inicial.
- Progrida em uma série de exercícios até chegar a uma maior extensão, separando as bolas na maior distância possível, conforme demonstrado na Figura.
- Caso alcance uma distância que seja desconfortável para a região lombar da sua coluna vertebral, diminua a distância na qual irá trabalhar, revertendo potencialmente o movimento até a posição estática limite. Acrescente também como exercícios suplementares a Ponte Supinação e a Extensão em Pronação a fim de preparar suas costas para suportar maiores desafios.

PASSE MULTIARTICULAR DE CORPO INTEIRO DA *MEDICINE BALL*

Este exercício produz uma potência sequencial no corpo todo, assim como um condicionamento anaeróbio.

Preparação

Mantenha-se em pé, de frente para o seu parceiro, a cerca de seis passos de distância. Mantenha seus pés separados na largura dos ombros, com os joelhos ligeiramente flexionados e o abdome pré-contraído.

Movimento

Antes de passar a bola, agache-se e encoste-a no chão. O passe começa a partir dessa posição. Mantenha um agachamento adequado com o tórax erguido e as costas em uma posição segura. O arremesso começa com os membros inferiores e é transferido através dos quadris, seguindo para a parte superior do corpo. A relação solo-potência é importante neste exercício, pois você precisará finalizar com uma vigorosa extensão dos membros inferiores, saltando a partir do chão.

Lembre-se que a direção desejada da bola é para a frente, e não apenas para cima, portanto, você deve impulsionar-se para o alto e para a frente a fim de direcionar a força no sentido pretendido.

Finalização

O seu parceiro não deve tentar apanhar esse passe de longa distância. Por meio de tentativa e erro, ele estará posicionado de modo a permitir que a bola toque o chão e a agarre após o quique, o que é mais seguro e mais natural para o corpo. Após receber a bola, seu parceiro se agacha e a encosta no solo antes de impulsionar-se ao alto e para a frente com o corpo inteiro, a fim de passar a uma distância máxima. Todo passe é um "melhor esforço". Tente manter o seu parceiro afastado, arremessando a uma distância mais longa com toda a sua força.

Dicas e progressões

- Faça um passe duplo com rotação lateral: esse exercício usa a mesma técnica de arremesso. Os dois parceiros iniciam com uma *medicine ball* em uma direção oposta ao curso do exercício. No "vai", ambos arremessam para uma distância máxima. Em seguida comece a arrastar-se rapidamente para o outro lado, onde você apanhará a bola arremessada pelo seu parceiro e a jogará de volta direto do chão, com um arremesso agachado usando o corpo inteiro.
- Continue a arremessar para uma distância máxima e a arrastar-se com a máxima velocidade durante 30 segundos. Conforme seu condicionamento anaeróbio melhorar, aumente o tempo do exercício. A intensidade desse exercício é de 110%.

a

b

CAPTURA DA *MEDICINE BALL* COM EQUILÍBRIO

Este exercício concentra-se na propriocepção e no equilíbrio durante a fase de carga excêntrica e a fase em que a bola é apanhada, assim como na posição isométrica após ela ser apanhada. Essa é uma boa maneira de integrar o corpo inteiro sem ter que suportar uma carga ou velocidade de movimentos avançada.

Preparação

Os dois parceiros permanecem em pé em uma prancha de equilíbrio, de frente um para o outro, separados a aproximadamente dois passos de distância. Mantenha os pés separados na largura dos ombros com os joelhos levemente flexionados e o abdome pré-contraído.

Movimento

Você e seu parceiro deverão efetuar passes suaves um para o outro na altura do tórax e dentro do limite de cada ombro.

Finalização

Receba o passe com a musculatura postural e os membros inferiores firmes, tentando apanhar a bola; mantenha o equilíbrio e permaneça na direção do parceiro. Assegure-se de que seus joelhos estejam alinhados aos tornozelos (sem cair para a frente). Mantenha essa posição em equilíbrio por dois segundos antes de devolver o passe.

Dicas e progressões

- Para apanhar a bola de maneira estática com o corpo inteiro, complete a mesma preparação para o exercício. Após apanhá-la, progrida para um agachamento total na prancha de equilíbrio. Mantenha-se agachado por três segundos antes de erguer-se de modo controlado e devolver o passe para o seu parceiro.
- Para apanhar a bola fora do centro de gravidade: complete a mesma preparação para o exercício. Direcione seus passes para fora do centro de gravidade de seu parceiro. Faça passes além do limite dos ombros (lateralmente). Emita passes baixos, acima da cabeça e curtos, que caiam na frente do seu parceiro. A resposta ao apanhar a bola e equilibrar-se é mais desafiadora e divertida.
- Apanhe a bola e retorne a uma postura firme com equilíbrio adequado antes de devolver o passe.

PERTURBAÇÃO EM PONTE

A partir de uma posição em ponte, uma segunda bola é usada para uma variedade de movimentos dinâmicos estabilizadores de carga a fim de promover a capacidade muscular por meio de respostas concêntricas e excêntricas.

Preparação

Assuma uma posição em supinação em ponte em cima de uma bola. Posicione os pés com uma distância entre eles mais estreita, quadris firmemente elevados e a musculatura postural enrijecida. Segure uma bola de estabilidade DSL sobre o tórax, com os membros superiores estendidos.

Movimento

1. Mantendo os membros superiores próximos a uma extensão total, complete círculos grandes e pequenos com movimentos fluidos e consistentes de modo a ouvir o fluxo da DSL ao redor da bola.
2. Desloque a bola de estabilidade DSL de um lado para o outro, com movimentos mais amplos e mais rápidos, até que você se sinta acomodado com a rotação do tronco. Ouça o impacto da DSL se deslocando através da bola, que você também sentirá ao contrair para o impacto da DSL.
3. Complete uma série de abdominais do tipo *sit-up* (abdominal reto). Levante e estenda os membros superiores à frente do tórax. Volte a deitar em uma posição de ponte em supinação, com os membros superiores sobre a cabeça. Novamente, absorva a força da DSL enquanto esta se desloca para o outro lado da bola no final de cada amplitude de movimento.

Dicas e progressões

- Comece com uma amplitude de movimentos menor e regrida mantendo a bola mais próxima do seu corpo.
- Progrida acrescentando mais carga à bola.

a

b

POSSE DA BOLA EM PONTE EM SUPINAÇÃO

A Ponte em Supinação é uma das posições fundamentais com bola a partir da qual muitos exercícios são criados, desenvolvendo de maneira eficaz a musculatura postural profunda, além dos oblíquos, ombros, peitoral, região lombar da coluna vertebral, glúteos e isquiotibiais.

Preparação

Comece em uma posição em ponte com os pés fixos no chão e espaçados na largura do quadril. Os joelhos estão em um ângulo de 90°, e a cabeça e os ombros estão totalmente apoiados na bola de estabilidade. Os membros superiores estão estendidos, segurando uma *medicine ball* diretamente sobre o tórax. Os cotovelos estão levemente flexionados, porém firmes na posição. Mantenha os quadris elevados e a musculatura postural contraída.

Movimento

O seu parceiro permanece em pé atrás da sua cabeça para aplicar empurrões de três segundos na *medicine ball*, alternando esquerda e direita. O objetivo é manter a musculatura postural firme e não permitir qualquer movimento dela ou dos membros superiores. Na segunda série, mude para empurrões rápidos, empregando força e velocidade em um empurrão seguido por outro na direção oposta, continuando por 20 segundos.

Dicas e progressões

- Se a *medicine ball* desviar muito da linha mediana, diminua a intensidade dos empurrões.
- Muitos parceiros erram ao empurrar muito levemente. Empregue força suficiente de modo a permitir que seu parceiro tenha que se esforçar para manter a posição da *medicine ball*.
- Atletas extremamente fortes na posição em ponte também podem ser desafiados:
    1. aproximando os pés a fim de diminuir a base de apoio;
    2. fechando os olhos;
    3. variando a direção do empurrão da *medicine ball* (esquerda, direita, para a frente, para trás, diagonal).

TRANSIÇÃO AGACHAMENTO-SUPINAÇÃO-ABDOMINAL

Neste exercício integrado, você executará um padrão de agachamento e transição para uma posição em supinação, onde poderá completar um abdominal reto.

Preparação

Inicie com sua bola de estabilidade em uma posição neutra (com a etiqueta para cima). A bola de estabilidade DSL possui marcas circulares que você pode usar como ponto de referência a fim de completar a posição em supinação sem movimentos da bola e definir um ponto-alvo que o ajudará a evitar cair da bola.

Em pé com suas costas na direção da bola de estabilidade DSL, agache-se até que seus glúteos toquem a área do círculo maior na parte de cima da bola. Sente-se na parte de cima da bola de estabilidade DSL e posicione seus pés de maneira a permitir que suas coxas fiquem paralelas ao solo, com os pés separados na largura dos ombros. Talvez seja preciso ajustar a distância na qual você está em relação à bola a fim de encontrar a posição correta.

Movimento

Sem mover os membros superiores, eleve o corpo a uma posição ereta, e em seguida agache-se até que os glúteos estejam sob a parte de cima da bola. Abaixe o tronco sob controle até uma posição em supinação em ponte. Levante um membro inferior do chão e segure por três segundos; repita com o outro membro inferior.

Finalização

Com os dois pés no solo, levante suavemente seu corpo da bola, segmento por segmento, elevando-se a uma posição sentada antes de erguer-se.

Dicas e progressões

- A bola não rola durante este exercício. Ela deverá permanecer em uma posição neutra, que você poderá checar começando o exercício com o logotipo na parte de cima.
- Repita a sequência por uma contagem desejada de repetições; entretanto, ao se aproximar das repetições finais, a fadiga pode determinar que você elimine a parte na qual levanta o membro inferior para, de maneira eficaz, continuar firmemente com a sequência agachamento-abdominal reto e finalização.

a

b

c

EQUILÍBRIO UNILATERAL COM A *MEDICINE BALL* DA ESQUERDA PARA A DIREITA

Este exercício produz um excelente equilíbrio e respostas proprioceptivas ao mesmo tempo que sobrecarrega o centro de velocidade. A parede abdominal profunda e os músculos abdominais estabilizadores posturais contribuem por meio da carga excêntrica, da estabilização e da ação concêntrica. A posição unilateral (em um único membro inferior) acelera a demanda sobre o centro de velocidade. Será possível sentir todos os músculos trabalhando dos dedos do pé até os abdominais.

Preparação

Permaneça em um único membro inferior com os joelhos ligeiramente flexionados. Enrijeça o abdome e concentre-se no equilíbrio. Segure a bola com as duas mãos à frente do seu corpo.

Movimento

Mova a bola para o lado esquerdo do seu corpo, mas sem executar rotação do tronco. Este e os ombros devem permanecer retos, direcionados diretamente para a frente. Mova a bola de volta através do corpo e sobre o lado direito dele.

Finalização

Continue a mover a bola de modo alternado do lado esquerdo para o lado direito do seu corpo, reagindo às mudanças de posicionamento da carga contraindo o abdome, os quadris e os membros inferiores. O nível de flexão de seus joelhos se ajustará da maneira apropriada a fim de contrabalançar as mudanças de posicionamento da carga.

Dicas e progressões

- Aumente a velocidade do movimento.
- Mova a bola a uma distância maior do corpo, da sua lateral e da parte da frente em rotação.
- Arremesse a bola da mão esquerda para a direita, conforme a figura. Agarre e absorva com os membros superior e inferior e com a musculatura postural. Esse procedimento aumenta o desafio de equilíbrio e também aumenta a carga sobre o abdome. Este é um excelente exercício abdominal.
- Arremessos rápidos: mova a bola da mão esquerda para a direita o mais rápido que puder.

AUTOPASSE UNILATERAL COM A MEDICINE BALL E ACOMPANHAMENTO

Este exercício desenvolve força nos membros inferiores e equilíbrio, interligando a força de desaceleração da musculatura postural a uma posição ereta, e a coordenação entre as mãos e os olhos. Ao desafio do equilíbrio acrescenta-se o peso da bola e o acompanhamento visual.

Preparação

Comece em pé apoiando-se em um único membro inferior, com os joelhos ligeiramente flexionados, os quadríceps e os glúteos encaixados, e a musculatura postural e a região torácica da coluna vertebral enrijecidas.

Movimento

Inicie o exercício passando a *medicine ball* com as mãos de um lado para o outro com seus membros superiores estendidos à frente. Mantenha uma postura inicial firme, evitando realizar a rotação do tronco cada vez que agarrar a bola, e permaneça com os olhos à frente. Após apanhar dez passes de um lado para o outro entre suas mãos direita e esquerda, varie a altura dos arremessos, aumente a distância e comece a acompanhar a bola visualmente. Ao acompanhar os passes da bola da esquerda para a direita, certifique-se de que seus olhos estão seguindo o movimento.

Dicas e progressões

- Comece com passes curtos e próximos e progrida até passes mais distantes.
- Em seguida, tente apanhar os passes sobre a cabeça.

PASSO À FRENTE E RETORNO

Este exercício de potência trabalha a musculatura postural e exercita a ativação sequencial entre membros inferiores, quadris, abdome e extremidades superiores.

Preparação

Permaneça com os pés na largura dos ombros, de frente para o seu parceiro. Assuma uma posição de prontidão atlética. O seu parceiro segura uma *medicine ball* pequena.

Movimento

O seu parceiro faz um passe em direção a um dos ombros. Conforme a bola se aproxima, efetue um passo à frente com um dos membros inferiores.

Finalização

Ao fazer contato com a bola, imediatamente *empurre-a* para longe do corpo na altura do ombro e de volta para seu parceiro. Retorne para a posição de prontidão. Continue por um número estipulado de repetições.

Dicas e progressões

Ao fazer contato com a bola e começar a empurrá-la, lembre-se de que seus quadris e a musculatura postural – o centro de velocidade – devem estar por trás dessa ação e auxiliá-lo na produção de força.

a

b

PASSE UNILATERAL COM A *MEDICINE BALL* COM O MEMBRO SUPERIOR CONTRALATERAL

Este exercício o ensina a desacelerar e a agarrar com o corpo inteiro ao mesmo tempo que desenvolve força no deltoide posterior, no peitoral, na musculatura postural, nos quadris e nos membros inferiores para apanhar a bola e equilibrar-se em um membro inferior. Ao final, a posição do corpo depende em grande parte da estabilidade da musculatura postural durante todas as posições do exercício.

Preparação

Comece de frente para o seu parceiro a uma distância de pelo menos 1,8 metro. Cada parceiro se apoiará sobre o mesmo membro inferior (por exemplo, ambos apoiando-se sobre o membro inferior esquerdo). O parceiro A segura uma *medicine ball* na altura do ombro contralateral ao membro inferior em que se sustenta. O parceiro B representa um alvo com o membro superior estendido e a mão aberta, preparando-se para receber a bola. Ele tenderá a preparar-se com a mão próxima ao ombro; certifique-se, portanto, de que esse parceiro afaste a mão e esteja pronto para receber a bola. Para iniciar o movimento, o parceiro A faz uma pré-carga no membro inferior, abaixando a massa corporal em cinco centímetros antes de estendê-lo e transferir sua força através da musculatura postural e em direção ao membro superior.

Movimento

O parceiro A passa a *medicine ball* para o parceiro B, que a recebe, apanhando-a com o membro superior flexionado, controlando com a musculatura postural e flexionando o joelho e o tornozelo a fim de absorver o peso dela. Mantenha o tórax erguido, os ombros para trás e a musculatura postural encaixada para evitar uma rotação excessiva. Antes de devolver o passe, espere até que o seu equilíbrio esteja restabelecido e assegure-se de que o seu joelho esteja alinhado com os dedos do pé e sobre o tornozelo. Alterne o membro inferior de apoio nos passes.

Dicas e progressões

- Utilize um ritmo de movimentos lento, contando dois segundos nas fases concêntricas e excêntricas. Faça uma pausa na metade para aperfeiçoar a posição de equilíbrio unilateral.
- A mecânica envolvida em apanhar a bola de maneira lenta será mais difícil sob uma perspectiva de força, estabilidade e equilíbrio.
- Para adaptações ainda maiores, diminua a velocidade com a qual apanha a bola e mude para uma posição mais forçada do membro inferior.
- Para aumentar a capacidade de transferência para as habilidades esportivas, diminua o tempo de ligação entre as fases excêntricas e concêntricas (pegar e passar a bola) e aumente o ritmo e a potência do arremesso.

Rotação da Musculatura Postural

4

ROTAÇÃO RUSSA DO TRONCO

A Rotação Russa do Tronco é um excelente exercício para integrar a extensão estática e o movimento rotacional do tronco. Movimentos dessa natureza ocorrem em diversas situações, incluindo partidas de futebol americano, rúgbi, hóquei e tênis.

Preparação

Sentado sobre a bola, desloque-se para a frente, permitindo que a bola role por baixo de você. Continue se deslocando até que sua cabeça e seus ombros estejam apoiados na bola. Os membros superiores devem estar estendidos sobre seu tórax, seu abdome, encaixado e sua musculatura postural, paralela ao solo.

Movimento

Inicie executando uma rotação completa para um lado. Assegure-se de que a rotação é iniciada pela musculatura postural. Muitos iniciantes na Rotação Russa do Tronco começarão a rotação a partir do ombro. É importante também manter os olhos nas suas mãos, intensificando a rotação total dos músculos estabilizadores posturais ao se movimentar.

Finalização

Ao atingir sua amplitude máxima, mude a direção e então comece a mover-se para o outro lado.

Dicas e progressões

- Segure uma *medicine ball* ou um halter com as mãos.
- Ao preparar-se em frente a uma polia ajustável, você obterá uma maior carga em ambas as direções como resultado da carga constante da polia.

a

b

PONTE EM SUPINAÇÃO COM PASSE CRUZADO

Os padrões de ativação diagonal, associados à fase de "arremessar-agarrar a bola", interligam os ombros e o quadril contralateral por meio de um padrão da musculatura postural, que é transferível para várias atividades.

Preparação

O parceiro A está em uma posição de ponte em supinação: ombros sobre a bola, pescoço apoiado e neutro, quadris elevados e pés separados à largura do quadril e firmemente fixados sobre o solo. Os pés devem estar posicionados distantes o suficiente para que a articulação dos joelhos esteja em um ângulo de 90° e não ultrapasse a linha dos dedos do pé. Com uma *medicine ball* nas mãos, os membros superiores estão estendidos para cima, à altura do tórax. O parceiro B permanece à direita do parceiro A, a cerca de 1,5 metro de distância e em uma boa postura esportiva, pronto para receber e devolver os passes com a *medicine ball*.

Posição Inicial

O parceiro A faz a rotação a partir da musculatura postural em direção ao ombro esquerdo, mantendo os quadris retos e os pés bem apoiados, deixando as mãos (com a *medicine ball*) caírem para o lado esquerdo alinhadas com os ombros.

Movimento

O parceiro A faz a rotação do ombro esquerdo para a direita e entrega a bola para o parceiro B. O parceiro A desacelera o movimento rotacional para a direita, de modo que ele possa receber o passe de volta do parceiro B e retornar à posição inicial. Repita o exercício realizando o movimento da direita para a esquerda.

a

b

PASSE DE COSTAS COM PARADA

Este é um ótimo exercício de rotação do tronco que também trabalha os músculos de maneira excêntrica, desenvolvendo a força para frear um movimento. Parar e inverter a direção ajuda a sobrecarregar a musculatura do tronco.

Preparação

Posicione suas costas com as costas de um parceiro a cerca de 15 centímetros de distância. Mantenha os pés separados à largura dos ombros, os joelhos levemente flexionados e o abdome pré-contraído.

Movimento

É importante diferenciar claramente este exercício do Passe de Costas com Rotação de 180°. Na execução com paradas, ao passar a bola, você permanece na posição esperando que ela seja devolvida. Esse procedimento ajuda a concentrar o esforço em uma repetição com forte rotação e em uma união agressiva das fases excêntricas e concêntricas ao inverter a direção. Segurando a bola longe do corpo, o parceiro A rota rapidamente para a direita e de modo abrupto para a bola na sua lateral, retornando de forma rápida para a esquerda a fim de passar a bola para o parceiro. O parceiro B apanha a bola no lado direito e imediatamente rota o corpo depressa para a esquerda. Uma vez realizado o movimento completo para o lado esquerdo, o parceiro B interrompe abruptamente e com rapidez rota de volta para o lado original (direita) a fim de largar a bola.

Finalização

Continue esta sequência por um número determinado de repetições. Repita do outro lado.

Dicas e progressões

- Junte seus pés e mantenha seus joelhos flexionados.
- Mova a bola a uma distância maior do seu corpo.
- Rote o corpo com maior velocidade.
- Pare mais rapidamente.

ARREMESSO SOBRE OS OMBROS

Este exercício desenvolve a potência do corpo todo e a rotação do tronco e produz uma sequência de ativação muscular para um arremesso multiarticular suave. A potência multiarticular em uma cadeia cinética fechada através de um plano transverso é aplicada em vários esportes e atividades.

Preparação

Fique em pé, de costas para o seu parceiro, a uma distância de aproximadamente dois passos. Mantenha seus pés separados à largura dos ombros, os joelhos bem flexionados e o abdome pré-contraído. Seu parceiro permanece de frente para você (olhando para suas costas) a um passo à sua direita.

Movimento

Antes de arremessar a bola, agache-se e faça uma rotação para trazer a bola à frente do seu membro inferior. O arremesso é iniciado a partir dessa posição. Certifique-se de que está realizando um movimento de agachamento, projetando os quadris para baixo a fim de abaixar a bola até a altura da perna, de maneira que não haja um movimento excessivo de flexão do tronco à frente. O arremesso começa no pé, passa pelo seu membro inferior direito, pelos quadris e pelo tronco e, em seguida, vai para a parte superior do corpo.

Lembre-se de que o percurso desejado da bola é na direção das costas do seu parceiro, não apenas para cima, portanto, você deve rotar o tronco e finalizar o movimento atrás de si, direcionando a bola a partir do seu ombro esquerdo para o seu parceiro, que está atrás de você e à sua direita.

Finalização

O seu parceiro pega a bola e a rola de volta para o seu lado direito, onde você possa apanhá-la e movê-la em uma técnica de arremesso sequencial. Faça um número desejado de repetições e depois repita o exercício arremessando a bola por cima do ombro contralateral (direito). Seu parceiro mudará de posição, permanecendo a dois passos de você, porém movendo-se para o seu lado esquerdo.

Dicas e progressões

Após o arremesso, mantenha suas mãos elevadas acima dos ombros. Seu parceiro apanhará o seu arremesso e devolverá um passe tranquilo para suas mãos, o qual você apanhará por cima de seus ombros, a fim de depois rotar e agachar para o lado oposto. Em seguida, projete-se para cima a fim de arremessar a bola de volta por cima do mesmo ombro.

a

b

ROTAÇÃO DO QUADRIL

Este exercício deposita o peso na extremidade do membro superior de alavanca a fim de aumentar as demandas de estabilização do tronco e o movimento direto.

Preparação

Deite-se no solo em supinação com seus membros superiores estendidos lateralmente. Assegure-se de ter atingido uma inclinação pélvica firme. Contraia o abdome antes de levantar os membros inferiores. Os membros inferiores estão unidos e flexionados em um ângulo de 90°. Posicione uma pequena *medicine ball* entre os joelhos. Faça uma pressão voltada para dentro a fim de manter a bola no lugar e ativar os adutores, assim como a musculatura do quadril.

Movimento

Abaixe os joelhos de maneira lenta e controlada em direção ao lado direito. Os ombros e as costas devem permanecer juntos ao chão.

Finalização

Eleve seus membros inferiores de volta acima dos quadris (ainda flexionados) e em direção ao lado esquerdo. Pare e retorne. Continue pelo número desejado de repetições ou até perder a posição em supinação neutra do tronco.

Dicas e progressões

- Complete a mesma sequência com mais velocidade, deixe os membros inferiores caírem para o lado esquerdo e ative os músculos a fim de desacelerar e parar antes de tocar o solo; retorne para o lado oposto sem sair do lugar.
- Posicione o membro inferior reto acima do corpo e a bola entre os tornozelos para reforçar o membro superior de alavanca e depositar a carga mais distante na alavanca.

a

b

TESOURAS ROTADORAS EM SUPINAÇÃO

Tesouras em Supinação depositarão um grande desafio nos músculos abdominais sob uma perspectiva estática.

Preparação

Deitado no solo, posicione uma bola entre seus pés e tornozelos; comprima-a. Posicione as mãos atrás das costas no nível da LIII, encaixe a musculatura postural e mantenha a pressão sobre as mãos.

Movimento

Inicie erguendo seus pés e a bola de modo a criar um ângulo de 45° em relação aos seus quadris. Ao mesmo tempo que comprime a bola, rote à altura dos quadris para que um pé gire sobre o outro.

Finalização

Retorne à posição inicial e rote para o lado oposto.

Dicas e progressões

- Caso não tenha flexibilidade nos ombros para posicionar suas mãos sob a região lombar da coluna vertebral, posicione-as próximas às suas laterais, e considere pressionar sua coluna vertebral contra o chão.
- Você pode progredir esse movimento subindo e descendo os membros inferiores e a bola após cada rotação.

a

b

ROTAÇÃO DO TRONCO EM PRONAÇÃO

A Rotação do Tronco em Pronação combinará um desafio tanto ao plano sagital como ao transverso. Este movimento conectará os quadris, os ombros e a musculatura postural.

Preparação

Inicie com a bola sob o abdome e as mãos no chão em posição de flexão dos membros superiores; desloque-as para a frente a fim de que a bola comece a rolar em direção aos seus pés. Neste ponto, afaste-os sobre a bola e comprima-a. Seus ombros e músculos posturais devem estar ativados antes de iniciar o movimento.

Movimento

Role a bola lateralmente rotando os quadris.

Finalização

Mantenha a amplitude máxima por um segundo e em seguida retorne e gire para o lado oposto.

Dicas e progressões

A maior parte dos erros na Rotação do Tronco em Pronação ocorre ao iniciar o movimento. O que você precisa evitar é uma queda na região lombar da coluna vertebral. Ao manter sua musculatura postural encaixada, você sentirá o trabalho na parte inferior de seus músculos abdominais. A região lombar da coluna vertebral deverá ser mantida em uma posição neutra ou ligeiramente cifótica (curvada).

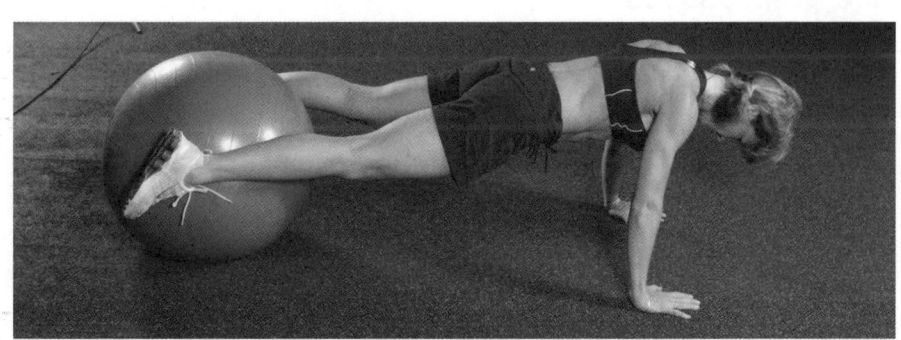

a

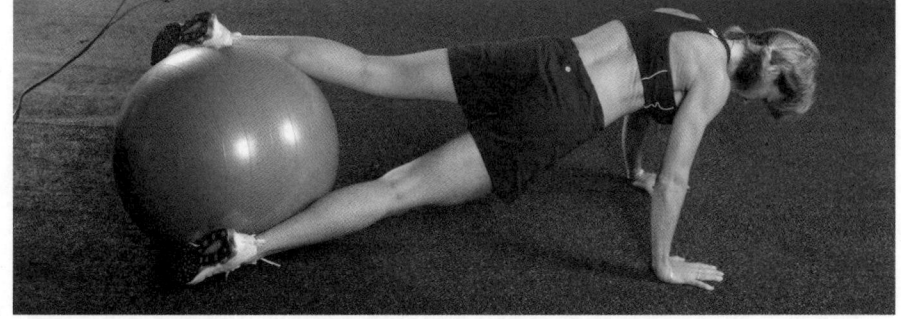

b

HELICÓPTERO LATERAL ESTÁTICO DE GOLDY

O Helicóptero Lateral Estático foi desenvolvido como uma progressão do Abdominal Lateral.

Preparação

Prepare este movimento com seus pés na base da parede e do solo. O seu membro inferior deverá estar voltado para a frente, e a sua coxa, escorada para trás ao sentar-se lateralmente sobre a bola. O posicionamento sobre deve ser efetuado de uma maneira que seus quadris fiquem localizados no vértice da bola. A musculatura postural deve estar em uma posição de modo a criar uma linha reta da orelha aos ombros, quadris e joelhos.

Movimento

Ao mesmo tempo que mantêm a posição estática inclinada, seus membros superiores devem estar estendidos e nivelados com seus ombros. Inicie o movimento rotando a parte superior dos músculos posturais o máximo que puder. Mantenha a posição do membro superior ao fazer a rotação de maneira que ambos assemelhem-se a uma hélice de helicóptero. Não vire a cabeça ao rotar. Mantenha os olhos focados diretamente em direção ao teto.

Finalização

Complete suas repetições para um lado, e então repita para o outro.

Dicas e progressões

Você pode aumentar a dificuldade deste movimento segurando halteres em cada uma das mãos, e perceberá que cerca de dois quilos será bastante desafiador.

a

b

PASSE COM ROTAÇÃO LATERAL

Este é um bom exercício de aquecimento que trabalha de maneira suave os membros inferiores, os quadris, o tronco e a parte superior do corpo. Com passes mais vigorosos, também constitui um ótimo exercício de força com rotação do tronco, apropriado a vários esportes.

Preparação

Os parceiros ficam separados a uma distância de quatro passos largos, ambos de frente para a mesma parede. Um está com uma *medicine ball*. Os pés permanecem posicionados separados à largura dos ombros, com os joelhos flexionados, o abdome contraído e a cabeça virada para ver o parceiro.

Movimento

Todas as partes do corpo trabalham juntas para produzir o passe com rotação. Inicie a projeção com seu pé posicionado posteriormente e transfira a potência através dos quadris de maneira a rotar o tronco à medida que seus membros superiores carregam a bola pelo corpo. Lance a bola com um forte acompanhamento, direcionando-a de modo a possibilitar que seu parceiro a apanhe na frente do corpo.

Finalização

Apanhe a bola com uma musculatura postural firme a fim de proteger a região lombar da coluna vertebral. Absorva o impacto ao apanhá-la, flexionando o joelho do membro inferior posicionado posteriormente, rotando lateralmente o corpo e permitindo que os membros superiores se desloquem pelo corpo até uma posição lateralmente bem distante. Pare e inverta o processo a fim de devolver o passe para seu parceiro.

Dicas e progressões

Apanhando a bola de maneira estática: flexione os joelhos um pouco mais, de modo a se preparar para apanhar a bola à frente do corpo, e use os músculos abdominais a fim de frear completamente o curso da bola. Apanhe-a e interrompa seu deslocamento exatamente em frente ao seu corpo. Assumindo a posição estacionária, retorne ao movimento normal de recepção da bola a fim de se preparar para arremessá-la de volta para o seu parceiro.

a

b

ABDOMINAL EM "V" COM ROTAÇÃO

Este é simplesmente um bom exercício abdominal que prepara o tronco para exercícios mais dinâmicos de rotação e cargas excêntricas mais intensas.

Preparação

Sente-se no solo, inclinando as costas a um terço da posição de um abdominal reto. Os pés se mantêm no chão e os joelhos, flexionados. Segure uma *medicine ball* à frente do corpo.

Movimento

Gire para o lado esquerdo e toque a bola no solo. Faça uma rotação o máximo que considerar confortavelmente possível e toque o chão em um ponto distante.

Finalização

Levante a bola do chão e rote para a direita, carregando a bola pelo corpo e tocando-a no chão à sua direita.

Dicas e progressões

- Quanto mais longe do corpo a bola for carregada, e quanto mais distante do corpo a bola é tocada no chão, maior a carga sobre o abdome.
- Uma progressão intensa inclui levantar os pés do chão. Mantenha a flexão dos joelhos em um ângulo de 90°, bem como os pés e os membros inferiores juntos, e complete o mesmo exercício segurando a bola alguns centímetros ao alto. Uma musculatura postural mais firme será necessária para levantar a bola do chão, estabilizar o corpo e manter uma posição em "V" à medida que faz a rotação.

a

b

PASSE DE COSTAS COM ROTAÇÃO DE 180°

A rotação em pé do tronco é um padrão de movimento vital para sobrecarregar e fortalecer na preparação para atividades esportivas e cotidianas.

Preparação

Posicione sua costas com as costas de um parceiro a uma distância de aproximadamente 15 centímetros. Mantenha os pés separados à largura dos ombros, os joelhos levemente flexionados e o abdome pré-contraído.

Movimento

O parceiro A gira para a direita e larga a bola na lateral para o parceiro B, que a apanhará no lado esquerdo. O parceiro B recebe a bola e a segura afastada do tronco, a uma distância considerável do corpo. Ele gira para a direita e passa a bola para o parceiro A, que a recebe na esquerda. Para a execução deste exercício é recomendável manter uma musculatura postural firme e flexionar os joelhos a fim de que a rotação se origine nos quadris e no abdome. Você deve sentir que essa musculatura está localizada "na dianteira".

Finalização

Continue com essa sequência por um número desejado de repetições. Em seguida, repita para o lado oposto.

Dicas e progressões

Passes com rotação de 360°: os parceiros ficam separados a uma distância de aproximadamente 60 centímetros e permanecem de costas um para o outro. A distância adicional propicia espaço para o movimento da bola e do quadril, pois o passe será transferido por trás das costas entre os parceiros. O parceiro A gira para a direita e continua a girar até posicionar a bola atrás das costas. O parceiro B gira para o lado oposto, realizando rotação para a direita para apanhar o passe atrás de suas costas. Em seguida, ele gira para a esquerda, segurando a bola longe do corpo. Após largá-la, o parceiro A gira para a esquerda de maneira a ficar em posição para recebê-la de volta.

a

b

ROTAÇÃO COM LEVANTAMENTO SOBRE A CABEÇA

Este exercício interliga os músculos estabilizadores posturais aos ombros e ao manguito rotador para um padrão funcional usado nas atividades diárias e nos esportes.

Preparação

Inicie em pé com os pés separados à largura dos ombros. A musculatura postural está enrijecida e contraída, assim como a região torácica da coluna vertebral. Segure uma bola de estabilidade DSL à altura do meio do tronco com as mãos exercendo uma pressão para dentro.

Movimento

Agache-se com uma transferência de peso lateral, abaixando a bola para o mesmo lado à altura dos joelhos. Contrabalance o movimento rotando na direção oposta. Conduza a bola ao redor do tronco.

Finalização

Projete o calcanhar posicionado posteriormente a fim de obter uma tripla extensão do membro inferior e incentivar uma ação plena do quadril. Finalize com a bola no alto, acima dos ombros no lado oposto.

Dicas e progressões

- Inicie com uma ação lenta e suave, de um lado ao outro, de maneira a ouvir um fluxo contínuo da DSL *ao redor* da bola.
- Após vários exercícios, comece a aumentar a velocidade do movimento, transferindo a DSL *através* da bola; essa medida incentivará uma contração adicional e uma estabilização dos ombros a fim de se preparar para o impacto da DSL ao atingir o outro lado da bola.

a

b

REPETIÇÃO ROTATIVA EM PÉ

A potência rotativa da cadeia cinética fechada e a frenagem excêntrica são exercitadas por meio de perturbações proporcionadas pela carga de estabilização dinâmica na parte interna da bola, o que desenvolve força e ajuda a prevenir lesões esportivas.

Preparação

Inicie em uma posição em pé, pés separados à largura dos ombros e joelhos flexionados. A musculatura postural está enrijecida e contraída, e a região torácica da coluna vertebral também. Segure uma bola de estabilidade DSL à altura do meio do tronco, com as mãos exercendo uma pressão para dentro. Verifique novamente a retração da escápula.

Movimento

Transfira de maneira rápida a bola de um lado para o outro em uma distância de cinco centímetros, mantendo-a próxima à linha mediana. Pare o movimento e imediatamente faça a transferência de volta para o lado inicial. Alterne os lados em uma sucessão rápida. Mantenha os quadris retos ao mesmo tempo que executar uma leve rotação no tronco.

Dicas e progressões

- Verifique sua velocidade e potência de movimento pelo som – você deverá ouvir a DSL atingindo a lateral da bola quando parar ao final de cada amplitude de movimento.
- Aumente de maneira progressiva o grau da rotação até que, finalmente, você movimente a bola para longe do tronco (ver figura); conforme a amplitude aumenta e uma maior rotação do tronco se torna necessária, permita que o quadril também rote, interligando-o à musculatura postural.
- À medida que o trajeto agrega força e velocidade, a aplicação de uma desaceleração mais forte será necessária para que você pare quando a DSL chocar-se contra a bola.

ROTAÇÃO DO TRONCO CONTRA A PAREDE COM A *MEDICINE BALL*

Este movimento irá auxiliá-lo a aumentar sua amplitude de movimento rotacional em torno da musculatura postural.

Preparação

Inicie em frente de uma parede posicionando seus pés separados à largura dos ombros, a uma distância de aproximadamente 15 a 20 centímetros da parede. Seus glúteos deverão estar em contato com ela, e você poderá segurar uma *medicine ball* na frente da região central do tórax.

Movimento

Faça a rotação da musculatura postural a partir da posição inicial de modo que a bola faça contato com a parede.

Finalização

Afaste a bola da parede de maneira explosiva e gire para o lado oposto. Afaste mais uma vez a bola da parede de maneira explosiva e repita.

Dicas e progressões

- Para aumentar a dificuldade e progredir sua amplitude de movimento, você poderá projetar seu corpo afastando-o da parede. Desse modo, você aumentará a amplitude de movimento que é exigida pela sua musculatura postural para virar e permitir que a bola chegue à parede.
- Após aumentar sua amplitude de movimento, você poderá continuar a progredir revestindo a bola com uma toalha e completar o movimento quicando a bola contra a parede.

Membros Inferiores e Quadris

EXTENSÃO DO QUADRIL E FLEXÃO DOS JOELHOS

Este é o único exercício capaz de trabalhar tanto os músculos isquiotibiais como o flexor do joelho e o extensor do quadril, tornando-se, dessa forma, extremamente funcional e produtivo.

Preparação

Deitado em supinação no solo, posicione uma bola sob os calcanhares. Os membros superiores estão em uma posição em "T" para auxiliar no equilíbrio.

Movimento

Inicie o movimento comprimindo os glúteos e elevando os quadris do chão. Uma vez atingida a posição na qual os tornozelos, os joelhos e os quadris estejam alinhados, traga os calcanhares na sua direção flexionando os joelhos.

Finalização

Quando seus calcanhares atingirem a amplitude máxima, inverta o movimento. Estenda os joelhos e, em seguida, abaixe os quadris.

Dicas e progressões

Seguem algumas progressões que poderão ser incorporadas ao programa de exercícios:

- Movimente os membros superiores da posição em "T" para uma posição lateral.
- Utilize uma bola maior a fim de aumentar a amplitude de movimento e melhorar o equilíbrio.
- Acrescente uma polia ou extensor cirúrgico ao redor do tornozelo para aumentar a carga durante a flexão dos joelhos.
- Realize um movimento com uma única perna, ao invés de com as duas.

a

b

ENCOLHIMENTO DOS JOELHOS

Este exercício tem como alvo os músculos abdominais inferiores e os flexores do quadril por meio da elevação de uma bola com carga.

Preparação

Deite em supinação no solo. O dorso deverá estar nivelado, a musculatura postural, enrijecida e os membros inferiores estendidos. Prenda uma bola de estabilidade DSL entre os pés. Descanse os membros superiores ao longo do tronco.

Movimento

Mantenha as costas e os quadris no chão e flexione os joelhos para aproximar os pés ao tronco. Projete os joelhos em direção ao tronco; faça uma pausa.

Finalização

Estenda os membros inferiores de maneira controlada, permitindo que os calcanhares toquem o chão com amplitude máxima.

Dicas e progressões

- No início do movimento pode ser necessário abrir os membros superiores lateralmente para obter estabilidade ou pressioná-los contra o chão durante a fase de elevação. Ao final, o objetivo será manter os membros superiores relaxados durante a elevação da parte inferior do corpo.
- Caso note um arqueamento lombar excessivo ou um desconforto nas costas, experimente posicionar as mãos embaixo dos glúteos.
- Se a bola com carga estiver pesada demais, você perderá sua posição ancorada, ou até mesmo sofrerá um desconforto na região lombar da coluna vertebral. Regrida então para uma bola ABS sem carga e complete com exercícios suplementares de ponte com bola.

a

b

ROSCA NA POLIA COM OS MEMBROS INFERIORES EM SUPINAÇÃO

A Rosca com os Membros Inferiores em Supinação é um outro bom método para se trabalhar os músculos isquiotibiais tanto dos quadris como dos joelhos.

Preparação

Posicione a bola sob seus ombros. Segure-se em uma polia ou extensor cirúrgico localizado atrás da sua cabeça. Certifique-se de que seus calcanhares estão em uma superfície antiderrapante ou de que você poderá posicionar seus pés à frente de algo sólido, como uma barra de pesos, por exemplo.

Movimento

O movimento inicia-se com a elevação dos quadris de modo que o corpo fique paralelo ao chão. Quando estiver nessa posição, flexione os joelhos, fazendo um rolamento para a frente sobre a bola.

Finalização

Assim que tiver rolado o mais para a frente possível, mantendo boa postura e forma, retorne estendendo os joelhos. Ao voltar à extensão total dos joelhos, não permita que seus quadris se abaixem, e prepare-se para iniciar a próxima repetição.

a

b

ROLAMENTO COM ELEVAÇÃO DOS QUADRIS

Este exercício não utiliza aparelhos caros para a elevação dos quadris em sua execução. É um excelente movimento direcionado aos músculos isquiotibiais, aos glúteos e à região lombar da coluna vertebral.

Preparação

Ajoelhe-se em frente a uma bola e realize uma inclinação pélvica, projetando os glúteos para a frente e contraindo o umbigo em direção à coluna vertebral. Posicione suas mãos sobre a bola, e peça a um parceiro que segure seus tornozelos mantendo-os abaixados. Assim como no Rolamento de Joelhos, em vez da sua musculatura postural executar o movimento, o foco está em seus músculos isquiotibiais e na cadeia posterior.

Movimento

Suas mãos permanecem imóveis sobre a bola. Com os joelhos como ponto central, projete seu tronco e os quadris para a frente conforme a bola rola para longe dos seus joelhos. Contraia seus músculos isquiotibiais aplicando uma pressão para cima com as mãos sobre os tornozelos do seu parceiro. Esse procedimento resulta em uma extensão excêntrica desses músculos.

Finalização

Quando tiver transferido a carga excentricamente sobre si mesmo, contraia os músculos isquiotibiais e mova seu corpo de volta à posição inicial. Não libere a pressão que você exerce sobre as mãos do seu parceiro.

AGACHAMENTO COM ABERTURA DOS MEMBROS INFERIORES

O Agachamento com Abertura dos Membros Inferiores é um bom exercício geral para todos os músculos dos membros inferiores e dos quadris. Ele também requer uma ativação dos músculos posturais a fim de manter o tronco nivelado e ereto.

Preparação

Fique em pé em frente a uma bola e posicione os cadarços de seu tênis esquerdo para trás e acima da bola. Arraste seu pé direito para a frente e transfira seu peso para esse membro inferior de apoio. Seu pé dianteiro deverá apontar para a frente, de maneira que seu joelho acompanhe a linha do tornozelo. Contraia sua musculatura postural a fim de manter uma posição firme de equilíbrio.

Movimento

Projete seus quadris para baixo e role seu membro inferior esquerdo para trás até que o membro inferior de apoio esteja flexionado em um ângulo de 90°. Mantenha essa posição por dois segundos. Assegure-se de que o joelho de seu membro inferior de apoio não ultrapasse os dedos do seu pé. Caso ultrapasse, sua posição está muito curta. Para corrigi-la, arraste seu pé de apoio para mais adiante.

Finalização

Usando os músculos de seu membro inferior de apoio, estenda o membro inferior a fim de elevar seu corpo de volta à posição de preparação. Mantenha-se firme e centrado a fim de evitar qualquer balanço do tronco enquanto volta a subir. Repita a série, alterne os membros inferiores e repita.

Dicas e progressões

- Os iniciantes precisam de uma *mãozinha* (*) na bola; o observador posiciona as mãos em cada um dos lados da bola para ajudar a estabilizá-la.
- Para uma progressão avançada, posicione o pé dianteiro de apoio em uma prancha de equilíbrio de modo a criar uma dupla instabilidade.

(*) N.T.: O original em inglês usa o trocadilho "a light spot" (um ponto de luz), referindo-se ao *spotter* (aquele que ajuda e observa o exercício), que, no entanto, perderia o sentido se fosse traduzido ao pé da letra para o português.

AGACHAMENTO NA PAREDE

O Agachamento é um exercício de força básico a partir do qual muitos exercícios de membro inferior são desenvolvidos. Os Agachamentos na Parede, além de serem tecnicamente mais fáceis de executar e permitirem àqueles com problemas na região lombar da coluna vertebral o praticarem, também propiciam uma amplitude de movimento e agachamentos estáticos mais fortes e duradouros ao mesmo tempo que mantêm uma postura firme.

Preparação

Inicie de costas para a parede. Posicione uma bola de estabilidade entre as suas costas e a parede, ao nível da região lombar da coluna vertebral. Incline-se projetando o peso sobre a bola e ajuste os pés, arrastando-os para longe do corpo. Garanta uma abertura na largura dos ombros com os pés para a frente e os dedos ligeiramente direcionados lateralmente.

Movimento

Para iniciar o movimento, pressione os calcanhares no solo a fim de encaixar a parede abdominal profunda. Enrijeça a musculatura postural antes de começar a abaixar lentamente os quadris em direção ao solo, flexionando os joelhos em 90° até que as tíbias estejam perpendiculares ao solo.

Posição intermediária

Na posição intermediária, você deverá sentir uma forte carga sobre os quadríceps e os glúteos enquanto os joelhos trabalham de maneira confortável. Os olhos observam diretamente a frente, e o pescoço assume uma posição neutra. Caso sinta uma distensão excessiva nos joelhos, verifique visualmente a fim de garantir que seus joelhos não estejam além da linha dos dedos do pé. Se estiverem, reajuste sua posição de preparação afastando um pouco mais os pés do corpo.

Finalização

Estenda os membros inferiores a fim de trazer o corpo para cima, de volta para a parede em uma posição ereta. Mantenha a pressão contra a bola durante toda a amplitude de movimento.

Dicas e progressões

- Empregue um ritmo de movimento lento, contando dois segundos nas fases concêntricas e excêntricas.
- Para incrementar o desafio, incorpore uma parada estática na posição intermediária para cada repetição, mantendo essa posição abaixada por três a cinco segundos antes de erguer-se novamente.

- Para enfatizar a musculatura postural, levante um pé a dois centímetros do chão durante cada parada, concentrando-se em manter a pelve nivelada.
- Para aumentar a demanda de força, segure halteres ao lado do corpo com os membros superiores levemente flexionados e as palmas das mãos voltadas para o corpo.

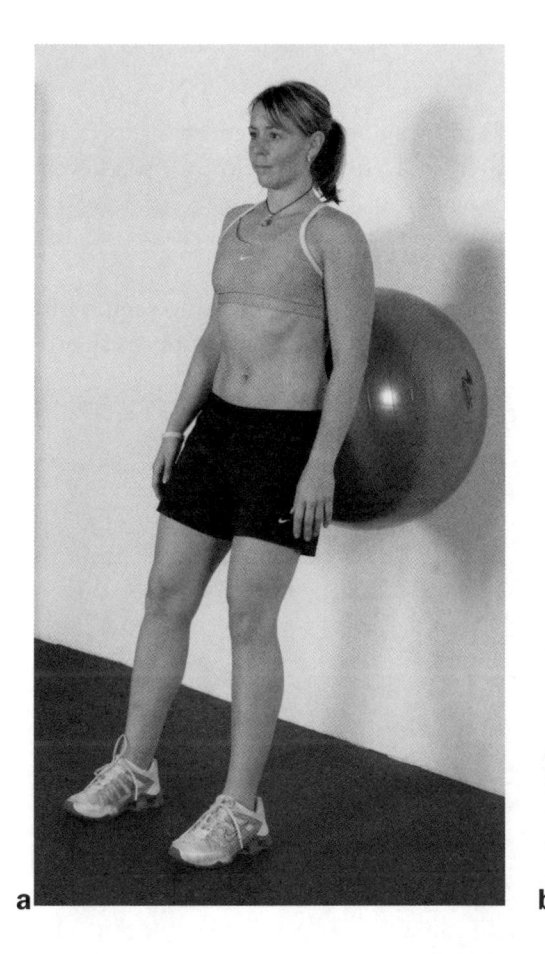 

AGACHAMENTO LATERAL COM A *MEDICINE BALL* SOBRE A CABEÇA

Este exercício trabalha uma das características físicas mais importantes para a coluna vertebral e os quadris: a mobilidade. Pessoas com uma má mobilidade na coluna vertebral e no quadril terão um grande desafio em executar esta atividade de maneira correta. Este é um excelente exercício a ser incluído como parte de seu aquecimento diário para o fortalecimento da postura.

Preparação

Inicie segurando uma *medicine ball* acima da cabeça com seus membros superiores totalmente estendidos. Não deve haver qualquer flexão dos cotovelos. Os pés devem estar exatamente lado a lado ao começar o movimento.

Movimento

Abaixe os quadris e deslize um membro inferior lateralmente ao mesmo tempo que mantém a posição com a bola acima da cabeça. Não permita que seus ombros se projetem para a frente ou que a região lombar da sua coluna vertebral perca a curva lordótica à medida que desliza de um lado para o outro.

Finalização

Quando tiver deslizado para um lado, inverta a direção e volte no sentido oposto. Esse procedimento equivale a uma repetição.

Dicas e progressões

• Uma dica eficaz é imaginar que há uma linha sobre a sua cabeça sob a qual você deverá estar enquanto mantém uma boa postura.

• Outra boa dica é usar um pedaço grande de bucha e pedir a alguém que a segure sobre seus membros superiores a fim de dar-lhe uma meta posicional a atingir.

AGACHAMENTO LATERAL NA PAREDE

O Agachamento Lateral na Parede desenvolve uma força específica aos esportes, replicando os ângulos necessários para o movimento lateral e para a sua interrupção. Os glúteos, os músculos isquiotibiais e os quadríceps são os alvos principais desse exercício.

Preparação

Em pé, posicione-se lateralmente a uma parede, colocando, à altura do cotovelo, uma bola de estabilidade contra a sua superfície. Apoie-se na bola formando um ângulo de 45° e sustente o peso do corpo com o membro inferior mais afastado da parede.

Movimento

Abaixe-se com um único membro inferior até uma posição de agachamento, mantendo um ângulo de 45° e apoiando-se na bola. Ao flexionar os joelhos e abaixar os quadris, a bola se moverá da altura do cotovelo para a altura do ombro. Mantenha tanto os quadris como os ombros o mais retos possível.

Finalização

Usando os músculos do membro inferior de apoio, estenda o outro membro a fim de elevar seu corpo de volta à posição de preparação.

Dicas e progressões

Para aumentar a dificuldade do exercício, repita-o usando seu membro inferior mais próximo à parede.

EXTENSÃO O'BRIEN DOS QUADRIS COM FLEXÃO ESTÁTICA

A Extensão O'Brien dos Quadris foi-me apresentada por Andy O'Brien, um treinador de força dos *Florida Panthers*, durante um treinamento de campo. Este é um excelente exercício que se concentra em manter a posição pélvica ao mesmo tempo que trabalha os glúteos.

Preparação

Comece com uma posição em pronação na bola com as duas mãos posicionadas no solo para fornecer uma base. O membro inferior direito deverá estar flexionado com o joelho pressionando a bola com cerca de 30% de esforço. Essa flexão estática do quadril irá contrabalançar a sua extensão no lado oposto a fim de manter uma pelve firme.

Movimento

Assim que seu joelho estiver firmemente posicionado na bola, comece a ativar seu glúteo esquerdo e a estender o membro inferior esquerdo.

Posição intermediária

O membro inferior esquerdo deverá estar estendido até um ponto no qual o joelho, o quadril e o ombro criem uma linha reta. Mantenha essa posição por dois ou três segundos.

Finalização

Após manter a posição intermediária, abaixe lentamente o membro inferior até a posição inicial sem relaxar a lateral direita do quadril flexionada sobre a bola. Complete suas repetições no membro inferior esquerdo e, em seguida, inverta a posição para o membro direito.

Dicas e progressões

Se houver tensão ou dor na região lombar da coluna vertebral, os músculos glúteos poderão estar fracos. Portanto, será necessário consultar um médico ou terapeuta para obter uma orientação.

a

b

POSIÇÃO DE FLEXÃO DOS MEMBROS SUPERIORES COM ABERTURA DO QUADRIL

Este pode ser chamado de um exercício verdadeiramente funcional, uma vez que desafia o corpo nos planos sagital e transverso de uma única vez. Será possível sentir o trabalho ao longo dos músculos abdominais, dos ombros, dos adutores e extensores do quadril. Este exercício permite que você trabalhe com o corpo todo em estabilidade junto à mobilidade do quadril e à rotação.

Preparação

Posicione as duas mãos na parte de cima da bola de estabilidade, com os pés apoiados no chão em uma posição de flexão dos membros superiores. Certifique-se de que seu abdome está encaixado e a região lombar da coluna vertebral está ereta, e não lordótica (oscilada).

Movimento

Mantendo a posição de flexão dos membros superiores, flexione o quadril direito para a frente até atingir um ângulo de 90° no quadril e no joelho.

Finalização

Quando seu quadril estiver flexionado em 90°, faça a adução do joelho através do corpo. Uma vez atingida sua amplitude de movimento máxima, retorne para a posição inicial com o quadril flexionado e repita.

Dicas e progressões

Quando já tiver dominado a rotação com um joelho flexionado, tente o mesmo movimento, mas acrescente uma extensão do quadril antes de iniciar a próxima rotação.

a

b

AGACHAMENTO COM UM MEMBRO INFERIOR

Treinar um membro inferior por vez correlaciona o ganho de força ao ambiente esportivo, no qual movimentos são realizados por um membro inferior de cada vez. Incorporar a bola de estabilidade facilita uma maior amplitude de movimento e também auxilia na fase concêntrica positiva de volta à posição em pé. A bola de estabilidade DSL deverá ficar posicionada de maneira que os glúteos possam cair sobre ela.

Preparação

Em uma posição sentada, mantenha os quadris na parte superior frontal da bola de estabilidade DSL, centrando um pé no solo alinhado com a linha mediana do seu corpo. Sente-se com as costas eretas e enrijeça a musculatura postural. O pé contra-lateral deverá estar estendido para a frente.

Movimento

Levante-se e estenda o membro inferior que estava apoiado no chão até uma posi-ção em pé. Equilibre-se antes de retornar, sob controle, para uma posição sentada.

Dicas e progressões

- Empregue um ritmo controlado de oscilações que ajudará a iniciar a fase de eleva-ção concêntrica caso você não consiga se levantar a partir de uma posição senta-da estática.
- Verifique sempre com cuidado se a bola de estabilidade DSL está perfeitamente posicionada atrás de você para cada repetição.
- Se um dos membros inferiores não for tão forte, inicie sua primeira série com esse membro e termine sua última série novamente com ele, completando de maneira efetiva uma série extra para o membro mais fraco.

a   b

CONTROLE MULTIDIRECIONAL DE MEMBRO INFERIOR-QUADRIL-MUSCULATURA POSTURAL

O objetivo deste exercício não é o de aplicar a maior potência possível, como em um exercício de *leg press*. Ele é projetado para desafiar a unidade interna a fim de estabilizar a posição em supinação enquanto os quadris e membros inferiores se ajustam à posição.

Preparação

Deite-se sobre o solo com os joelhos flexionados. Juntos, você e seu parceiro deverão segurar uma bola de estabilidade entre seus pés. Aumente a pressão do pé sobre a bola a fim de levantá-la até que a perna esteja paralela ao chão.

Movimento

De maneira cooperativa, movimente a bola para a frente, para trás, para cima, para baixo e para as laterais mantendo as costas apoiadas no chão.

Dicas e progressões

Execute o mesmo exercício com cada parceiro usando apenas um membro inferior, conforme mostrado na figura.

PUXADA NA POLIA COM APOIO NA BOLA

As regiões medial (adutores) e lateral (abdutores) das coxas são dois pontos que os atletas sempre tiveram dificuldade em exercitar. A maioria desses exercícios é executada com o pé fora do chão (com aparelhos multifuncionais para os quadris e polias conectoras). O problema com esses exercícios é que não há uma correlação com as situações esportivas reais. Os músculos das regiões medial e lateral da coxa são geralmente empregados em movimentos que exigem que o pé esteja em contato com o solo, e a Puxada na Polia com Apoio na Bola pode exercitar esses músculos dessa maneira.

Preparação

Prepare-se próximo a uma coluna com polia ajustável usando uma bola de 45 centímetros. Posicione a presilha da polia ao redor do tornozelo mais próximo à coluna, com seu pé apoiado sobre a bola. O membro inferior mais afastado é a sua base e deverá estar posicionado com os joelhos flexionados. Os seus quadris deverão estar projetados para trás e o abdome, enrijecido. Esse método de preparação enfatiza a região medial das coxas e dos quadríceps.

Movimento

Para ativar os músculos da região medial das coxas, o movimento inicial origina-se da região medial do pé, que pressiona a bola para baixo. Uma vez estabelecida essa pressão, role a bola na sua direção contraindo os quadris. Mantenha a curvatura natural da região lombar da coluna vertebral e os quadris projetados para trás.

Finalização

Retorne à posição inicial relaxando o membro inferior e permitindo-lhe uma amplitude de movimento máxima na volta.

Variação

Você também pode concentrar-se nos músculos laterais da coxa posicionando uma polia no membro inferior contralateral, conforme descrito previamente. O movimento e a sequência são os mesmos, mas a principal diferença é que você impulsiona para fora em vez de tracionar para dentro.

a

b

INÍCIO DE POTÊNCIA NO QUADRIL

A maioria dos atletas têm falta de equilíbrio na mobilidade do quadril causada pela estrutura corporal (como uma diferença no comprimento dos membros inferiores) e pelos movimentos repetitivos específicos de cada esporte. Esse exercício expõe a falta de equilíbrio, ao mesmo tempo que fortalece dois movimentos importantes: as rotações medial e lateral. Uma meta é isolar os quadris do tronco; seu objetivo é manter o tórax voltado em direção ao solo e os ombros retos enquanto os quadris estão em rotação. Ainda que a meta seja minimizar a rotação do tronco, a potência do quadril obtida por meio desse exercício contribui para a potência rotatória ou de cima para baixo, como ao fazer um balanço com uma raquete de tênis, ou de baixo para cima, como ao fazer o pivô para mudar a direção.

Preparação

Inicie agachado atrás de uma bola de estabilidade. Mova-se para cima da bola e afaste-se com as mãos até chegar a uma posição de flexão dos membros superiores com alavanca curta e com os joelhos sobre a bola. Flexione os joelhos a fim de trazer os pés ao alto. Mantenha os membros inferiores e os pés juntos. Selecione uma bola com um tamanho que possibilite uma linha nivelada do joelho até o ombro.

Movimento

Mantenha o tronco e os ombros retos em relação ao solo e faça uma rotação à altura dos quadris — imagine dois pontos pivô, um em cada lado dos quadris. Execute uma rotação dos quadris a fim de posicionar a bola e os joelhos projetados para fora e lateralmente em relação ao corpo. Retorne através do lado oposto do corpo, alternando os lados.

Dicas e progressões

- Comece com um ritmo lento para desenvolver de maneira segura a força, a estabilidade, o controle e a amplitude de movimento.
- Quando tiver atingido todas essas habilidades, e após tê-las exercitado durante várias séries de exercícios, você poderá variar o ritmo e estabelecer como objetivo um movimento rápido. Faça a rotação para a esquerda e imediatamente inverta a direção para o lado oposto; você fará uma pausa após cada repetição. Esse procedimento evita que o início de potência se concentre em um único lado. Aliar as fases concêntrica e excêntrica desenvolve o início da potência.
- Você também poderá movimentar-se em um ritmo mais rápido com fluidez de um lado para o outro sem intervalos.

a

b

PERMANÊNCIA EM PRONAÇÃO SOBRE A BOLA COM ELEVAÇÃO DO JOELHO

Este exercício o ajuda a desenvolver uma ativação da musculatura postural prémovimento e a estabilidade do tronco para que seja mantida tanto uma posição de flexão dos membros superiores como uma estabilidade sobre a bola. Ele também trabalha os músculos abdominais inferiores e os flexores do quadril quando se acrescenta o movimento dos membros inferiores. Manter o peso do corpo sobre a bola promove uma pré-carga sobre a musculatura postural para a estabilização e o movimento. A melhor maneira de entender este exercício é praticando-o.

Preparação

Assuma uma posição de flexão dos membros superiores com a eminência tenar das mãos sobre a parte superior posterior da bola, envolvendo-a com os dedos. Posicione os pés no solo, apoiando-os nas pontas dos dedos e mantendo-os separados à largura dos ombros. Com os membros superiores retos, projete a região torácica da coluna vertebral para baixo antes de flexionar os cotovelos em cinco centímetros. Transfira o peso do corpo para os membros superiores e encaixe a musculatura postural.

Movimento

Eleve lentamente o joelho de um dos membros inferiores o mais próximo possível do tórax, faça uma pausa e retome. Troque o membro inferior, elevando o joelho do membro inferior contralateral em direção ao tórax; faça uma pausa e continue a alternar os membros.

Posição intermediária

Progrida estendendo a pausa na posição intermediária para cada repetição. Se uma parada mais longa resultar em um arqueamento das costas, retome as repetições contínuas tradicionais sem pausas.

Dicas e progressões

- Para obter uma progressão avançada que aumente a ativação do músculo abdominal transverso e dos rotadores mediais do quadril, projete o joelho para dentro e sobre o cotovelo contralateral. Inicie com um ritmo lento e controlado juntamente a uma pausa rápida em posição intermediária.
- Para progredir, primeiro aumente as pausas.
- Uma vez desenvolvida a força para dominar este exercício, aumente a velocidade do movimento, impulsionando o joelho na direção do cotovelo contralateral antes de fazer a parada.

a

b

AVANÇO COM PASSE DA *MEDICINE BALL*

Este exercício complexo emprega uma importante atividade de força para os membros inferiores e aumenta a potência da parte superior do corpo.

Preparação

Os parceiros estão de frente um para o outro, a uma distância de aproximadamente três a quatro passos. Um parceiro está com a *medicine ball*.

Movimento

Enquanto segura a bola, levante um membro inferior do chão, flexione o quadril e o joelho, e pedale para a frente a fim de atingir de maneira suave o solo em frente ao seu corpo. O comprimento do avanço é longo o bastante para formar um ângulo de 90° no joelho (seu joelho não deve passar da linha dos dedos do pé) e curto o bastante para que sua coxa fique paralela ao chão. Antes de tocar o solo com o pé, passe a bola para o seu parceiro.

Finalização

Mantenha a posição de avanço e concentre-se em permanecer bem equilibrado. Ao mesmo tempo que recebe o passe de volta, impulsione seu pé da frente para retornar à posição inicial.

Dicas e progressões

Avançando e apanhando a bola: um parceiro avança e apanha a bola enquanto o outro arremessa. Alterne o avanço entre o membro inferior direito e o esquerdo enquanto recebe os passes de maneira aleatória. O seu parceiro deverá fazer os passes diretamente à sua frente variando-os para longe da sua linha mediana e mudando de posição para mandá-los em direção a todas as partes do seu corpo (passes feitos de fora para a lateral). A sequência de recepção de passes é sempre apanhar a bola, equilibrar-se e manter a posição por dois segundos antes de devolver a bola para o seu parceiro e executar seu próximo passo de avanço.

a

b

PASSO DE AVANÇO E ROTAÇÃO

Este exercício desenvolve força e flexibilidade dinâmica nos membros inferiores, nos quadris e no tronco, que também interliga esses músculos.

Preparação

Posicione-se em pé e segure uma *medicine ball* logo abaixo do tórax.

Movimento

Levante o membro inferior esquerdo do chão, flexione o quadril e o joelho como mostra a Figura *a* e pedale para a frente a fim de atingir suavemente o chão em frente ao seu corpo. O comprimento do avanço é longo o bastante para formar um ângulo de 90° no joelho (seu joelho não deve estar posicionado além da linha dos dedos do pé) e curto o bastante para que sua coxa fique paralela ao chão. Ao tocar o solo com o pé, rote o corpo para o lado de seu membro inferior da frente (o membro esquerdo).

Finalização

Adquira impulso com o pé que está atrás (o direito) para voltar a ficar em pé, e continue à frente com o membro inferior direito em posição de avanço. Ao tocar o chão, rote em direção ao membro inferior direito, como na Figura *b*. Continue por um número definido de repetições.

Dicas e progressões

Execute o avanço e a rotação com os membros superiores estendidos: segure a bola o mais afastado que puder do tronco. Quanto mais longo for o membro superior de alavanca e mais longe a bola estiver do seu tronco e do centro de gravidade, maior será a carga sobre seus ombros, costas e tronco.

a

b

AVANÇO COM PRESSÃO E ACOMPANHAMENTO

Desenvolve a força na passada, desafia o equilíbrio unilateral e melhora o sequenciamento muscular dos dedos do pé até os dedos das mãos para obter um recrutamento muscular mais funcional ao combinar membros inferiores, ombros e equilíbrio. Quanto mais pesada a *medicine ball*, mais força nos ombros é exigida.

Preparação

Mantenha-se em pé equilibrando-se em um único membro inferior ao mesmo tempo que segura uma *medicine ball* com uma das mãos no ombro do mesmo lado que o seu membro inferior de apoio. Enrijeça e contraia a musculatura postural e estabeleça firmemente a região torácica da coluna vertebral. Estabilize o tornozelo e flexione levemente o joelho.

Movimento

Projete o membro inferior que está livre para cima e para fora à frente do corpo com um passo mais longo possível. Pise de modo suave – primeiro com o calcanhar – até que seu pé esteja todo no chão enquanto projeta seu peso para a frente, mantendo a *medicine ball* à altura do ombro. Com a cabeça erguida, o tórax elevado e os músculos abdominais rígidos, abaixe lentamente seus quadris em direção ao chão até que o joelho do membro inferior posterior esteja logo acima do chão e o joelho do membro inferior anterior esteja flexionado em um ângulo de 90°, com a coxa paralela ao chão. Se o joelho do membro anterior estiver além do pé, afaste mais os pés.

Posição intermediária

Transfira o peso do corpo para a frente, para o pé anterior, e levante-o do chão com força estendendo o quadril e o joelho do membro inferior anterior. Deixe que o esforço se origine do membro inferior anterior a fim de obter uma posição em pé ao mesmo tempo que pressiona a *medicine ball* sobre a cabeça. Impulsione o joelho do membro inferior posterior para a frente, finalizando à altura da cintura. A partir dessa posição de equilíbrio unilateral, com o membro superior permanecendo totalmente estendido, abaixe a *medicine ball* lateralmente até que o membro superior esteja paralelo ao chão, pause lentamente e, em seguida, eleve a bola novamente sobre a cabeça. Passe a bola para a outra mão para executar os mesmos movimentos com o membro superior contralateral.

Finalização

Passe a bola novamente para o primeiro membro superior, traga a *medicine ball* para o ombro, estique o membro inferior e volte para a posição de avanço, impulsionando o membro inferior anterior a uma posição unilateral em pé.

Dicas e progressões

* A fim de avançar no desafio, acompanhe visualmente a *medicine ball* movendo-se para os lados. Comece acompanhando apenas com os olhos; imagine uma visão periférica, na qual seus olhos enxergam apenas a *medicine ball*.

- Avance até mover sua cabeça inteira para acompanhar a bola. Incline sua cabeça para acompanhar a bola ao alto.
- Você também pode aumentar o peso da *medicine ball*.

a   b   c

PASSADA COM ABERTURA DOS MEMBROS INFERIORES

Este exercício trabalha a musculatura usada para habilidades de movimento comuns a vários esportes: passos abertos, passos com abaixamento e avanços angulados. A ênfase é na força, mas o exercício é projetado para desafiar a flexibilidade dinâmica através dos quadris, da região lombar da coluna vertebral e dos adutores.

Preparação

Inicie em uma posição com leve abertura dos membros inferiores com o anterior reto, e o posterior flexionado com as pontas do pé (dedos) em cima da bola de estabilidade. Pule e arraste o pé anterior para certificar-se de que os membros estão separados a uma distância de 60 centímetros. Encaixe a musculatura postural e corrija o posicionamento do tronco até atingir uma posição estável.

Movimento

Ao ativar os músculos posturais do tronco, empurre os dedos do seu pé posterior contra a bola, ao mesmo tempo que estende e rota lateralmente o membro inferior, rolando a bola para trás em um ângulo de 45°. Ao afastar a bola para trás com o membro inferior, o pé se movimenta com ela. Permita uma passada maior flexionando o membro inferior anterior em até 90°. Movimente seus membros superiores naturalmente como se estivesse correndo.

Posição intermediária

Na posição intermediária, seu membro inferior posterior fica totalmente estendido, esticado para trás e para o lado, terminando em um ângulo de 45°. A região medial do pé vai de encontro à parte externa da bola. O membro inferior anterior é flexionado em 90° de maneira que a tíbia fica perpendicular ao solo e o joelho não ultrapassa a linha dos dedos do pé. Na posição intermediária, observe a forte carga no membro inferior anterior e as demandas de flexibilidade nos quadris e na região lombar da coluna vertebral. Nessa posição, o membro superior contralateral se junta ao membro inferior anterior. Lembre-se do "peito erguido" para manter o tronco ereto, mas permita uma *leve* flexão para a frente, a qual se adapta à postura da passada.

Finalização

Estenda o membro inferior anterior ao mesmo tempo que puxar a bola de volta na direção do corpo, finalizando em uma posição ereta.

Dicas e progressões

- Se a flexibilidade limitar a amplitude de movimento ou obrigar uma flexão excessiva do tronco à frente a fim de se adaptar à passada, mude para uma bola menor. Mesmo para praticantes altos, muitas vezes uma bola de 55 centímetros, ou mesmo uma de 45 centímetros, funciona melhor no caso de exercícios de força com bola do tipo avanço, permitindo uma amplitude de movimento total para obter força até que se estabeleça a flexibilidade.

- Se sentir que o joelho de seu membro inferior anterior está pressionado além da linha dos dedos do pé ou que a bola não está firme sob seu membro inferior posterior, ajuste a posição de preparação para permitir uma passada mais longa.

a

b

ROTAÇÕES COM UM MEMBRO INFERIOR

A maioria dos atletas têm falta de equilíbrio na mobilidade do quadril causada pela estrutura corporal (como uma diferença no comprimento dos membros inferiores) e pelas ações repetidas, específicas às mecânicas de seus esportes. Este exercício expõe a falta de equilíbrio ao mesmo tempo que fortalece dois movimentos importantes: as rotações medial e lateral. Uma meta é isolar os quadris do tronco; seu objetivo é manter o tórax voltado em direção ao chão e os ombros retos enquanto os quadris estão em rotação. A melhora na força do quadril contribui para a potência rotatória, a desaceleração lateral e os padrões de movimento de passadas.

Preparação

Inicie agachado atrás de uma bola de estabilidade. Mova-se para cima da bola e afaste-se com as mãos até chegar a uma posição de flexão dos membros superiores em pronação com os pés sobre a bola. Retire um dos pés.

Movimento

Movimente o joelho do membro inferior livre para baixo e ao redor do corpo ao mesmo tempo que o membro que está na bola rota medialmente. Relaxe esse movimento e continue além da posição neutra (de preparação), movendo o membro inferior livre para cima e sobre o corpo. O objetivo é tocar o chão com o pé no lado oposto do corpo.

Finalização

Retome o posicionamento em pronação de preparação. Ajuste o pé sobre a bola, se necessário, antes de iniciar a próxima repetição.

Dicas e progressões

- Este exercício parece complexo, mas é perfeitamente executável. Na fase de aprendizagem, é comum que o membro inferior caia da bola durante a rotação. Pratique com um observador atrás da bola, cujas mãos servirão para parar a bola, permitindo que esta se desloque cerca de 2,5 centímetros em ambas as direções.
- Em seu treino, certifique-se de que este exercício não seja executado após uma série de exercícios para o peitoral; caso contrário será difícil manter a posição de preparação pela contagem de repetições desejada.

a

b

PASSE LATERAL DE JOELHOS

Este exercício trabalha os quadris e o tronco com uma carga no plano frontal por meio da flexão lateral do tronco.

Preparação

Os parceiros estão separados a uma distância de 1,2 metro, ambos voltados para a mesma parede. Um parceiro está com a *medicine ball*. Comecem ajoelhados com o tronco ereto.

Movimento

O parceiro A passa para o parceiro B. O parceiro B apanha a bola acima da cabeça, aproximadamente 2,5 centímetros à frente do corpo. Absorva o impacto ao apanhar a bola e continue para o lado oposto na maior distância possível mantendo o tronco ereto.

Finalização

O parceiro B traz a bola de volta sobre a cabeça e continua com um passe lateral para o parceiro A.

Dicas e progressões

Para apanhar a bola em pé, posicione os seus pés separados à largura do ombro, flexione os joelhos e enrijeça o abdome. Vire a cabeça para ver o seu parceiro. Apanhe a bola acima da cabeça e aproximadamente 2,5 centímetros à frente do seu corpo, mas continue o movimento o mais distante possível para o lado oposto. Se a precisão permitir, afaste-se mais, a fim de exigir mais potência no arremesso e mais peso na recepção da bola.

a

b

AGACHAMENTO LATERAL COM IMPULSÃO DA BOLA

Este é um bom exercício para o corpo inteiro, cujos benefícios poderão ser sentidos nos membros inferiores, nas costas, na musculatura postural e nos ombros.

Preparação

Mantenha-se em pé com os pés à largura dos ombros. Segure uma *medicine ball* com as duas mãos à frente do corpo.

Movimento

Dê um passo para a esquerda e abaixe-se em uma posição de agachamento lateral, transferindo o peso do corpo para o membro inferior esquerdo. Ao abaixar-se sobre o membro esquerdo, projete a bola empurrando-a para longe do seu tórax até que os membros superiores estejam totalmente estendidos. Mantenha essa posição por dois segundos.

Finalização

Impulsione o membro inferior esquerdo para voltar à posição inicial. Ao impulsionar o membro esquerdo, puxe a bola de volta em direção ao seu tórax. Em seguida, dê um passo para a direita e estenda seus membros superiores a fim de empurrar a bola para longe do tórax, abaixando-se em uma posição de agachamento lateral. Mantenha por dois segundos. Impulsione o membro inferior direito e traga a bola de volta para retomar a posição inicial.

a   b

AGACHAMENTO E DESENVOLVIMENTO

Este exercício combina agachamento e abdominal reto com os membros superiores totalmente estendidos sob carga. Utilize uma bola de estabilidade DSL a fim de executar com segurança o padrão de movimento enquanto segura os halteres.

Preparação

Coloque sua bola de estabilidade DSL em uma posição neutra (com a etiqueta para cima). A bola de estabilidade DSL possui marcas circulares que podem ser usadas como ponto de referência para se tentar executar a parte em supinação do exercício sem que a bola se movimente e para definir um ponto-alvo de orientação que irá ajudá-lo a evitar cair da bola.

Comece em pé em frente à bola de estabilidade DSL. Os pés estão separados à largura dos ombros, a musculatura postural está rígida e contraída e a região torácica da coluna vertebral também. Segure halteres leves acima da cabeça (em uma posição de desenvolvimento de ombros), com os membros superiores estendidos.

Movimento

Mantendo uma postura firme, agache-se projetando os quadris para baixo até uma posição sentada de maneira que os glúteos toquem o círculo grande acima da bola. Sente-se sobre a parte frontal superior da bola de estabilidade DSL, mantendo os membros superiores estendidos por cima da cabeça. Deite-se em uma posição de ponte, com os membros superiores ainda estendidos, nesse momento sobre o tórax.

Finalização

Levante-se da bola DSL, passando os membros superiores sobre a cabeça de modo que eles estejam estendidos acima dela quando você se levantar.

Dicas e progressões

- Aprenda este exercício *sem* os halteres, porém assuma o mesmo posicionamento dos membros superiores.
- Em seguida, inicie com o peso mais leve e progrida passo a passo. A carga que você conseguir aguentar será limitada pela força, estabilidade e flexibilidade nos ombros e nas costas.

Tórax

Exercícios neste capítulo

SUPINO INCLINADO COM HALTERES

O Supino Inclinado com Halteres concentra-se nos músculos do peitoral maior. Este exercício é tipicamente realizado em um banco inclinado, mas você pode executá-lo sobre uma bola a fim de incorporar os elementos de equilíbrio e estabilidade à extremidade superior.

Preparação

Neste exercício, uma bola maior é necessária para o apoio correto. Segurando halteres, sente-se sobre a bola e desloque-se de maneira lenta até uma posição em que sua cabeça, suas costas e seus ombros estejam apoiados na bola. Certifique-se de que seus pés estejam separados por uma distância ligeiramente maior do que a largura do quadril a fim de proporcionar uma base inicial de apoio segura.

Movimento

Comece enrijecendo o abdome e empurrando seus membros superiores arqueados, para cima, até um ponto em que suas mãos estejam acima de seus olhos.

Finalização

Uma vez atingido o ponto mais alto, traga os halteres de volta até um ponto em que eles toquem a parte superior dos seus ombros.

Dicas e progressões

Você poderá aumentar a dificuldade deste exercício utilizando os seguintes métodos:

- Diminua a distância entre seus pés a fim de aumentar o fator de estabilidade para este exercício.
- Execute um Supino Unilateral com Halteres a fim de aumentar ainda mais a dificuldade deste exercício, que também exigirá uma maior estabilização da musculatura postural.

Observações de segurança

Certifique-se de que o solo esteja limpo e sem poeira. Ao pressionar-se contra a bola em um ângulo, um chão limpo e sem poeira ajudará a evitar que a bola role para longe de você.

Posição da mão

A posição da mão apresentada é a pegada tradicional. Uma pegada neutra, na qual as palmas das mãos ficam viradas uma para a outra, mantém os ombros sob menor tensão que a posição em supinação tradicional. Na posição tradicional, as palmas das mãos não estão apontadas uma para a outra e os ombros estão em rotação lateral. Caso você tenha algum tipo de problema nos ombros, será necessário adotar a posição com pegada neutra.

a

b

SUPINO UNILATERAL COM HALTERES

Este exercício integra os músculos deltoides anteriores, os peitorais e os estabilizadores posturais com um levantamento unilateral.

Preparação

Sente-se na bola de estabilidade com um halter em uma das mãos. Desloque-se até ficar em uma posição em supinação com sua cabeça e seus ombros apoiados sobre a bola e os pés posicionados à largura dos ombros. Ative a musculatura postural e os glúteos a fim de manter os quadris elevados e estáveis sobre a bola. Inicie com o halter inteiro distante do ombro.

Movimento

O movimento concêntrico começará de maneira semelhante ao do levantamento de supino: empurre o peso para cima com os membros superiores arqueados, finalizando acima do ombro.

Posição intermediária

Na repetição intermediária, o membro superior está totalmente estendido. Mantenha uma ponte em decúbito dorsal firme com os glúteos ativados para manter os quadris acima, no mesmo nível dos joelhos e do tronco. Os ombros permanecem sobre a bola.

Finalização

Abaixe o halter de maneira lenta e controlada, para longe e para baixo, de volta à posição de preparação e distante do ombro. Levar a carga para longe da linha mediana irá acelerar a demanda para que a musculatura postural estabilize a posição do corpo.

Dicas e progressões

• Para progredir, aumente de modo alternado o peso e diminua a base de apoio aproximando mais os pés. Diminuir a base de apoio aumenta a ativação da musculatura postural ao mesmo tempo que aumenta o peso sobre o peitoral e os ombros.
• Se o seu objetivo for aumentar a força do agonista a fim de integrar certa instabilidade, porém priorizando a carga imposta aos músculos, utilize uma bola de estabilidade DSL e uma base de apoio ampla, o que lhe permitirá usar um halter mais pesado.

SUPINO COM HALTERES

O Supino com Halteres é mais um movimento geral para o tórax que se concentra em toda a região peitoral.

Preparação

Segure um halter em cada mão e sente-se na bola; desloque-se de maneira lenta até ficar em uma posição na qual sua cabeça e seus ombros estejam apoiados sobre a bola. Posicione os pés a uma distância ligeiramente maior do que a largura dos quadris para propiciar uma base de apoio inicial segura.

Movimento

Comece enrijecendo o abdome e empurrando seus membros superiores arqueados para cima, até um ponto em que suas mãos estejam acima de seus olhos.

Finalização

Uma vez atingido o ponto mais alto, traga os halteres de volta até um ponto em que eles toquem a parte superior dos seus ombros.

a

b

PROJEÇÃO E IMPULSÃO EM SUPINAÇÃO

Este exercício transforma o ultrapassado levantamento de supino em uma atividade muito mais funcional para o desenvolvimento dos ombros e da musculatura postural. Embora a Projeção e Impulsão em Supinação tenha sido criada como um exercício para o tórax, também é demonstrada uma significativa rotação da musculatura postural.

Preparação

Ao iniciar, segure um único halter na sua mão direita e sente-se em uma bola de estabilidade. Desloque-se até que esteja em uma posição de mesa com a cabeça e os ombros apoiados sobre a bola. Ative a musculatura postural e principalmente os glúteos. O membro superior direito está abaixado em supinação com halteres.

a

Movimento

A partir da posição abaixada, impulsione o halter para cima e na direção da linha mediana do corpo, conforme executaria em um levantamento de supino padrão.

Finalização

Quando estiver prestes a alcançar uma total extensão do membro superior, gire o corpo e continue a impulsionar o peso. A velocidade permitirá que você projete seu corpo para a esquerda e que seja apoiado por seu membro superior esquerdo.

b

SUPINO COM HALTERES E *FLY* EM SUPINAÇÃO

Este exercício oferece um grande desafio para os músculos peitorais, pois combina dois movimentos conhecidos para o tórax: Supino com Halteres e *Fly* – este também exige grande coordenação.

Preparação

Com halteres em ambas as mãos, sente-se em uma bola de estabilidade e desloque-se rolando o corpo para fora dela até atingir uma posição de ponte. Um membro superior está em uma posição flexionada ou na posição abaixada do levantamento de supino. O outro está em uma posição semelhante à posição abaixada do *Fly* com Halteres, com uma leve flexão do cotovelo. Os glúteos e a musculatura postural estão ativados a fim de fornecer uma base estável para o movimento.

Movimento

O movimento concêntrico começa com o membro superior em supinação e o que está em posição de *fly* movendo-se ao mesmo tempo. O ângulo do cotovelo do membro superior na posição do *fly* não deve mudar durante a elevação.

Finalização

Ambos os halteres estão acima do tórax. O membro superior em supinação mantém essa posição ao chegar ao alto. Esse procedimento resultará em uma rotação medial do ombro, o que auxiliará uma contração mais efetiva do peitoral maior. Complete a série de um lado e então troque a posição dos membros superiores.

Dicas e progressões

- Quando alterar a posição das mãos nos halteres, você poderá ter como meta trabalhar diferentes partes do seu músculo peitoral. Tente variar a pegada de uma posição em pronação para uma em supinação e uma neutra.
- Você poderá acrescentar um colete com pesos ou um saco de areia sobre seu abdome a fim de aumentar a atividade da musculatura postural e dos glúteos.

a

b

FLY NA POLIA

O *Fly* na Polia proporciona um excelente recrutamento de todo o músculo peitoral. Além disso, como resultado de um movimento unilateral, há uma grande demanda sobre a musculatura postural para que seja possível estabilizar-se sobre a bola.

Preparação

Posicione a bola de estabilidade ao lado de uma polia baixa que possua uma alça única conectada a si. Segure a alça, sente-se na bola e role-a para a frente até você estar em uma posição em supinação estendida. Os quadris e as costas devem estar paralelos ao solo.

Movimento

Mantenha o membro superior abaixado com o cotovelo levemente flexionado para aliviar qualquer tensão sobre essa articulação. O movimento deve ser em um plano horizontal ao longo do corpo. Quanto mais baixo tracionar o membro superior, maior ativação a parte esternal do peitoral irá receber. Quanto mais alto tracionar, maior será a ativação da parte clavicular do peitoral.

Finalização

Quando tiver movimentado o membro superior através da própria amplitude, mantenha a posição final por um segundo e retorne à posição inicial.

a

b

FLY COM DUAS BOLAS

Este é o substituto perfeito para o *pec deck*. Você não apenas trabalha seu peitoral em um exercício de grande demanda, mas também trabalha seu corpo inteiro ao mesmo tempo que tenta manter uma postura correta.

Preparação

Use duas bolas de estabilidade, aproximando-as lado a lado. Posicione cada um de seus antebraços em uma bola. O seu corpo deverá estar em um ângulo de 45°, com uma curvatura normal na região lombar da coluna vertebral.

Movimento

Inicie o movimento rolando as bolas para fora e permitindo uma abertura dos membros superiores. Desloque-se até o ponto em que sentir que atingiu uma amplitude de movimento confortável. Caso tenha qualquer tipo de problema nos ombros, você deve evitar este exercício, pois ele deposita uma grande tensão sobre a cápsula anterior do ombro.

a

Finalização

Quando tiver atingido a amplitude de movimento com a qual se sentir confortável, aproxime seus membros superiores pressionando-os contra as bolas, trazendo-as de volta à posição inicial.

b

ROLAMENTO EM PÉ COM DUAS BOLAS

Este exercício posiciona o corpo em uma postura esportiva de cadeia cinética fechada. Um exercício agressivo para o abdome e para a região lombar da coluna vertebral, o Rolamento em Pé com Duas Bolas requer também uma contribuição de todos os principais grupos musculares do corpo inteiro, dos pés à ponta dos dedos da mão, em um sistema interligado definitivo. Este exercício também desenvolve todo o cíngulo do membro superior.

Preparação

Mantenha-se em pé à frente de duas bolas posicionadas lado a lado. Execute uma inclinação pélvica, projete os glúteos para a frente e contraia o umbigo em direção à coluna vertebral. Mantendo o tronco ereto, flexione os joelhos e projete os quadris para baixo até uma posição esportiva equilibrada. Posicione cada uma das mãos sobre cada uma das bolas e transfira o seu peso para as mãos. A carga deve ser distribuída igualmente entre os membros inferiores, a parte superior do corpo e a musculatura postural.

Movimento

Mantendo suas mãos posicionadas, faça um pivô nos dedos dos pés ao mesmo tempo que rolar as bolas para longe do seu corpo. A fim de manter uma divisão igual da carga por todo o corpo, projete os quadris para baixo à medida que afasta as bolas dos seus joelhos. Role-as no maior comprimento de alavanca que puder controlar. Caso sinta qualquer distensão na região lombar da coluna vertebral, certifique-se de que não está na pose do super-homem. Se o desconforto nas costas persistir, retorne à fase de preparação e verifique sua inclinação pélvica.

Finalização

Mantenha o alcance máximo por dois segundos e em seguida volte à posição inicial.

Dicas e progressões

Rolamentos alternados: siga as mesmas instruções de preparação. Em seguida, mantendo suas mãos posicionadas, faça um pivô nos dedos dos pés ao mesmo tempo que rolar as bolas para longe do seu corpo. Transfira o seu peso para cima das bolas de modo a ficar em uma posição mais próxima a de flexão dos membros superiores sobre as bolas. Essa é a sua posição inicial. Mantendo os pés, os membros inferiores e os quadris posicionados, aproxime-se de uma das bolas e afaste a outra para longe simultaneamente. Continue nesse padrão por um número designado de repetições.

a

b

DESLOCAMENTO COM FLEXÃO DOS MEMBROS SUPERIORES

Este exercício desafia a musculatura da parte superior do corpo ao mesmo tempo que exige força e estabilização da musculatura postural. Também é uma excelente prática de estabilização para o ombro que trabalha os músculos deltoides posteriores.

Preparação

Em pé atrás da bola, agache-se e posicione seu abdome na bola. Role para a frente até que suas mãos alcancem o solo à frente da bola. Desloque-se com as mãos até que seus quadris estejam fora da bola e seus quadríceps estejam em cima dela.

Movimento

Concentre-se em manter uma musculatura postural firme, contraindo-a a fim de manter os quadris elevados e o corpo alinhado (evite um arqueamento dos quadris, assim como qualquer rotação do tronco ou do quadril). Desloque-se com as mãos até que seus pés permaneçam sobre a bola.

Finalização

Faça uma flexão dos membros superiores e em seguida desloque-se para trás com as mãos em direção à bola até que seus quadris estejam novamente sobre ela. Preste atenção especial ao movimento de suas escápulas. Caso tenha uma escápula oscilante ou protuberante ao se abaixar, você deverá evitar este exercício e procurar aconselhamento médico.

Dicas e progressões

- Quando completar a flexão dos membros superiores, mantenha apenas um pé sobre a bola. O outro membro inferior é afastado para uma posição distante de cada repetição e mantido reto.
- Desloque-se o mais rápido que puder e em seguida retorne para a bola; pule com as duas mãos juntas em uma ação pliométrica e arraste-se para trás a fim de ajustar a posição.
- Desloque-se o mais devagar que puder, apoiando-se apenas em uma das mãos por um período prolongado. Mantenha os quadris firmes e alinhados, sem realizar rotação no quadril ou no tronco; tanto os ombros como os quadris deverão estar paralelos ao chão.

a

b

ANDAR COM AS MÃOS E FLEXÃO DOS MEMBROS SUPERIORES

Este é um exercício pliométrico dinâmico para a parte superior do corpo para se treinar a potência. A maioria das pessoas está acostumada com a sensação de saltar com os membros inferiores. As mesmas capacidades são necessárias à parte superior do corpo a fim de estimular habilidades esportivas e evitar lesões ao absorver quedas. Andar com as Mãos e Flexão dos Membros Superiores utiliza uma união de desaceleração e aceleração por meio de fases excêntricas (aterrissagem e frenagem) e concêntricas (salto). Você deverá ser capaz de realizar flexões dos membros superiores e também ser capaz de executar séries de flexões dos membros superiores com deslocamento antes de progredir para este exercício.

Preparação

Comece agachado atrás de uma bola de estabilidade. Role por cima da bola, estenda os membros superiores à frente do corpo e enrijeça a musculatura postural e a região lombar.

Movimento

Role exatamente acima da bola até que suas mãos alcancem o chão. Amorteça a aterrissagem e imediatamente estenda os membros superiores com potência suficiente para soltar as mãos do chão.

Direcione cada aterrissagem subsequente um pouco mais distante da bola, trazendo o corpo a uma posição de flexão dos membros superiores completa com os pés sobre a bola. Salte de volta com as mãos em direção à bola até chegar à posição agachada da preparação.

Dicas e progressões

- Ao tentar executar este exercício pela primeira vez, tente aterrissar de maneira suave e mover-se através de cada flexão dos membros superiores parcial de modo fluido, antes de lançar as mãos ao ar.
- Caso já esteja pronto para tentar executar o exercício, mas não tenha muita força, você pode diminuir a flexão do cotovelo na aterrissagem e a altura do salto. Simplesmente retire o peso do corpo das mãos. Esse procedimento resultará em um salto cruzado das mãos para longe da bola.

a

b

FLEXÃO DOS MEMBROS SUPERIORES COM IMPULSÃO

Este exercício desenvolve a capacidade de frenagem e absorção que beneficiam uma poderosa mecânica esportiva. A carga excêntrica sobre uma superfície instável melhora a força muscular e a reatividade da musculatura postural, dos ombros e da cadeia posterior. Execute séries com demandas mais simples e então progrida para versões mais difíceis com um passo de cada vez. É necessário conseguir executar múltiplas séries de flexões dos membros superiores com equilíbrio na bola e no solo (com os pés na bola) antes de progredir para as flexões com impulsão.

Preparação

Prepare-se para o exercício assumindo uma posição de flexão dos membros superiores com os pés apoiados no solo, separados na distância dos ombros, e as mãos sobre a bola. A eminência tenar deve estar na região lateral superior da bola e os dedos deverão estar envolvendo-a. Enrijeça a musculatura postural, distribua a carga através da escápula e pressione a bola.

Movimento

Ao mesmo tempo que se mantém firme por meio do tronco e dos quadris, projete o tórax para baixo até a parte de cima da bola; em seguida estenda os membros superiores a fim de impulsionar a sua massa corporal de volta à posição em pé. Impulsione com esforço suficiente para se deslocar além da posição de preparação e remover a carga da sua massa corporal sobre a bola.

Posição intermediária

Na posição intermediária, aterrisse novamente sobre a bola, contendo seu peso com um bom posicionamento das mãos e uma leve flexão dos cotovelos. Tente frear e interromper o movimento o quanto antes.

Finalização

Após aterrissar, apanhar a bola, frear e fazer uma pausa, volte a projetar o corpo para baixo para uma nova repetição.

Dicas e progressões

- Passe um tempo extra preparando-se para o exercício, assegurando-se de que sua musculatura postural e a parte superior das suas costas estejam firmes e de que esteja em um posicionamento ideal do corpo, das mãos e de afastamento dos pés.
- Caso seja iniciante neste exercício, comece com uma bola de estabilidade DSL, pois irá acrescentar estabilidade à aterrissagem.
- Passe um tempo praticando nos seguintes níveis antes de avançar adiante:
  1. Execute uma flexão dos membros superiores a fim de amenizar a carga da sua massa corporal sobre a bola, soltando a eminência tenar, mas mantendo os dedos posicionados de maneira segura sobre a bola. Essa prática propicia uma carga

excêntrica dinâmica, porém reduz a carga, a habilidade e o equilíbrio necessários. A maioria dos entusiastas de treinamentos de força pode dominar esse nível com tranquilidade.

2. Impulsione a bola até que sua mão esteja inteira fora dela, na menor altura possível.

3. Impulsione mais alto, progredindo a altura em várias séries de exercícios.

4. Acrescente altura à impulsão trazendo as mãos em direção ao corpo e maximizando a coordenação e a força necessárias para absorver a carga excêntrica.

5. Volte para o nível 1 ou 2, mas aterrisse e apanhe a bola com apenas uma das mãos. Role com duas mãos com o intuito de chegar à fase de projeção e impulsão do corpo, alternando os membros superiores ao apanhar a bola.

a

b

PRESSÃO EM PÉ COM A MEDICINE BALL NA PAREDE

Este exercício não apenas trabalha a área peitoral do ombro, mas também está relacionado a uma significativa demanda de uma estabilização da musculatura postural.

Preparação

Mantenha-se em pé a aproximadamente um metro da parede. Posicione uma *medicine ball* cerca de dez centímetros abaixo da linha do seu ombro e mantenha a bola contra a parede com um membro superior estendido. Você deverá estar na ponta dos pés e com a musculatura postural encaixada ao se apoiar na bola com um de seus membros superiores. Não permita qualquer rotação da musculatura postural ao assumir a posição de preparação.

Movimento

Mantendo a estabilização da musculatura postural, projete o seu corpo de maneira excêntrica para baixo em direção à parede. Você deverá executar esse procedimento de modo lento e controlado.

Finalização

Uma vez projetado até o ponto em que seu ombro está quase em extensão total, pressione impulsionando o corpo para trás, novamente de maneira controlada. Esse movimento não deve ser executado em um ritmo rápido.

Dicas e progressões

- Para aumentar a dificuldade deste exercício diminua a base de apoio utilizando uma *medicine ball* menor.
- Tente o apoio unilateral erguendo o membro inferior contralateral ao membro superior que estiver executando o movimento.

VOLTA AO REDOR DA BOLA

Este é um ótimo exercício para a estabilização dos ombros e da musculatura postural. O objetivo é exercer uma carga sobre cada um dos ombros de modo independente.

Preparação

Em pé atrás da bola, agache-se e posicione seu abdome na parte de cima dela. Role para a frente até que suas mãos alcancem o solo à frente da bola. Desloque-se com as suas mãos até que os seus quadris estejam fora da bola. Continue a deslocar-se com as mãos afastando-se da bola até que apenas seus pés permaneçam sobre ela.

Movimento

Neste ponto, concentre-se em manter uma musculatura postural firme, contraindo-a a fim de manter os quadris solidamente elevados e o corpo alinhado (evite que os quadris se abaixem ou que sofram rotação; também evite a rotação do tronco). Mantendo uma alavanca longa (pés sobre a bola com o corpo em uma posição de flexão dos membros superiores), desloque-se lateralmente usando as mãos a fim de rotar seu corpo ao redor da bola em sentido horário. Retire a mão direita do solo e afaste-a da linha mediana, apoiando o peso do corpo com seu membro superior esquerdo até que a mão direita retorne ao solo. Em seguida, retire sua mão esquerda do chão e aproxime-a da sua mão direita. Alterne esses passos até que suas mãos completem um círculo ao redor da bola. Mantenha um alinhamento firme do corpo ao deslocar-se com as mãos.

Finalização

O movimento é finalizado quando você completar um círculo de 360°. Em seguida, execute esse padrão em um sentido anti-horário.

a

b

PASSE DE TÓRAX COM A *MEDICINE BALL*

Passes de Tórax interligam força e potência no tórax, nos ombros e nas costas. A pegada é absorvida com a musculatura postural e os membros inferiores. O passe de volta é iniciado a partir dos membros inferiores e quadris e completado pelo tórax e pelos membros superiores. Em sua forma avançada, este é um excelente exercício multiarticular para o corpo inteiro.

Preparação

Posicione-se em pé voltado para o seu parceiro, a uma distância de cerca de três passos. Mantenha os pés separados na largura dos ombros, os joelhos ligeiramente flexionados e o abdome pré-contraído. Ambos os participantes devem se preparar com os membros superiores totalmente estendidos, na altura do tórax. As mãos deverão estar abertas de maneira a formar um alvo definido.

Movimento

O parceiro A traz a bola junto ao tórax e inverte a direção a fim de impulsionar a bola para longe do corpo e em direção ao parceiro B. Este faz contato com a bola mantendo os membros superiores totalmente estendidos. A bola é sequencialmente absorvida flexionando-se os membros superiores e joelhos a fim de amortecer a pegada. O parceiro B tenta sobrepor a carga excêntrica da forma mais rápida possível, invertendo imediatamente a direção para impulsionar a bola de volta ao parceiro A.

Finalização

Ao executar o passe, após lançar a bola, mantenha os membros superiores estendidos e afastados do tórax, com um alvo formado pelas mãos abertas. Continue nessa sequência por uma quantidade estipulada de repetições.

Dicas e progressões

- Para obter velocidade, os praticantes poderão executar a mesma técnica de exercício, porém deverão estar posicionados a uma distância de apenas dois passos. Faça o passe o mais rápido que puder, tentando eliminar qualquer pausa no tórax entre as fases negativas e as positivas do movimento. Os alvos criados pelas mãos são importantes para proteger a face. Posicione-se a fim de manter uma sucessão rápida de passes.
- Para obter força, repita as mesmas instruções do exercício, porém a uma distância de cinco passos. Diminua o tempo entre a fase negativa e a inversão do direcionamento até a fase positiva de propulsão. Essa prática será mais desafiadora, pois a carga que você irá apanhar estará mais pesada com a distância adicional. Uma força maior interligando o corpo todo será necessária para que a bola seja deslocada na distância exigida.

PRESSÃO COM BOLA DE ESTABILIDADE COM PARCEIRO EM PÉ

Este exercício melhora o padrão de movimento de pressão em uma posição de cadeia cinética fechada. Trabalhando com um parceiro, o exercício começa com foco na fase excêntrica ligada ao ombro e na estabilização da musculatura postural. Na sequência desse trabalho de preparação, ele avança para uma ação de pressão multiarticular do corpo inteiro.

Preparação

Os parceiros deverão posicionar-se em pé, de frente um ao outro, com a musculatura postural contraída, a região torácica da coluna vertebral firme e os pés separados na largura dos ombros. O parceiro responsável por "frear e estabilizar" o movimento deverá começar com os membros superiores totalmente estendidos, e o parceiro que irá "pressionar", com os membros superiores flexionados e a bola na altura do tórax.

Movimento

Um parceiro precisará estender os membros superiores para impulsionar a bola para a frente ao mesmo tempo que o outro desacelera o movimento, freando a potência de maneira ativa. Contraia-se firmemente a fim de fixar o tronco durante a pressão em pé. Da mesma forma, mantenha a região torácica da coluna vertebral firme para que não seja necessário compensar por meio dos ombros.

Finalização

Quando a bola for impulsionada até o tórax do seu parceiro, inverta os papéis e continue de um lado para o outro, alternando entre os movimentos de impulsionar e frear a bola.

Dicas e progressões

- Qualquer pessoa com os membros superiores totalmente estendidos tem o benefício de um sistema de alavanca fechada que é mais forte que a maior parte da potência muscular. Portanto, para permitir que seu parceiro inicie a primeira repetição, o responsável por frear e estabilizar o movimento precisará flexionar ligeiramente seu cotovelo. A fim de conciliar parceiros com forças desiguais, o responsável por frear e estabilizar pode relaxar o corpo para permitir que o parceiro que está empurrando consiga estender os membros superiores em uma amplitude de movimento máxima ao impulsionar a bola.
- Após praticar o exercício por meio de diversas séries e demonstrar uma postura e um posicionamento do ombro firmes durante a ação de frear a bola, passe para uma impulsão multiarticular. Nessa versão, antes de impulsionar, abaixe o centro de massa transferindo a carga para os membros inferiores em uma posição de agachamento parcial. Concentre-se na ativação sequencial dos músculos através dos membros inferiores e superiores, dos quadris e do tórax para iniciar a impulsão nos

membros inferiores e a seguir impulsionar a partir do tórax. Essa tarefa exigirá uma força maior do parceiro responsável por frear o movimento, que precisará então adotar uma posição com uma maior abertura dos membros inferiores a fim de proporcionar sobrecarga suficiente.

a

b

PRESSÃO ALTERNADA COM PARCEIRO

Este exercício trabalha a força dinâmica, a absorção excêntrica e a estabilização articular em uma posição em pé, aprimorando a capacidade de transferência para as exigências esportivas e do cotidiano.

Preparação

Os parceiros deverão posicionar-se em pé, de frente um para o outro, com a musculatura postural contraída, a região torácica da coluna vertebral firme e os pés separados na largura dos ombros. Juntos, eles deverão segurar duas bolas de estabilidade, cada parceiro pressionando-se contra a bola a fim de mantê-la no lugar. Os parceiros deverão flexionar os joelhos a fim de fixar uma posição esportiva, porém mantendo o tronco ereto (em vez de inclinar-se em direção ao parceiro) para depositar uma ênfase maior na estabilidade do tronco e na musculatura das costas.

Movimento

Os parceiros deverão estender de maneira simultânea um membro superior para impulsionar a bola para a frente ao mesmo tempo que usam o membro contralateral para oferecer resistência à impulsão exercida entre si. Antes do exercício, é preciso definir se manterá o tronco em uma postura neutra ou se preferirá permitir certa rotação a fim de auxiliá-lo na impulsão concêntrica e na frenagem excêntrica através de uma amplitude de movimento funcional. Ambos os procedimentos apresentam vantagens.

Dicas e progressões

Assim que conseguir executar este exercício com boa técnica e controle, e após ter completado várias séries para treinar força e estabilização, aumente a velocidade com impulsões mais rápidas e explosivas. Com o membro superior que oferece resistência, será necessário utilizar mais força do membro inferior, dos glúteos, do tronco, da região torácica da coluna vertebral e dos ombros a fim de oferecer resistência e amortecer a bola que está sendo impulsionada, ao mesmo tempo que se estabiliza todo o corpo dentro de sua base de apoio.

FLEXÃO DOS MEMBROS SUPERIORES COM PASSE

Este é um ótimo exercício pliométrico para a parte superior do corpo; essa atividade prepara o corpo para cargas excêntricas e potências concêntricas.

Preparação

Os parceiros deverão estar à dois passos de distância um do outro, ambos ajoelhados na beirada de um colchonete de maneira que parte deste esteja visível à frente do corpo. O tronco deverá estar ereto, e um dos parceiros, com a *medicine ball*.

Movimento

O parceiro A (que está com a bola) deverá iniciar o exercício passando a bola para o seu parceiro; ambos deverão executar o arremesso na altura do tórax. Os membros superiores permanecem estendidos e o tronco acompanha o passe, cedendo para a frente até que as mãos toquem o colchonete e coloquem o corpo em uma posição de flexão dos membros superiores. Impulsione o corpo para cima de maneira vigorosa a fim de inverter a direção e projetar o corpo de volta a uma posição ajoelhada. Ao retornar, assim que os dois parceiros fizerem contato visual, o parceiro B devolve o passe para o parceiro A e permite que o corpo se abaixe em uma posição de flexão dos membros superiores.

Finalização

Continue nessa sequência por um número estipulado de repetições ou até que a fadiga impeça o retorno à posição ajoelhada. Sobretudo, ao tornar-se fatigado, o ritmo diminuir e a tomada de decisões se tornar menos forte, lembre-se de esperar pelo contato visual antes de devolver os passes.

a

b

FLEXÃO DOS MEMBROS SUPERIORES COM PARCEIRO EM PÉ E DEITADO

Este exercício desenvolve menos potência que a Pressão com Parceiro em Pé, mas é excelente para a força e a estabilidade das articulações. Ele aproveita a reatividade muscular necessária para acomodar a bola em transição enquanto o parceiro tenta apanhá-la.

Preparação

O parceiro A deverá permanecer deitado no solo com o rosto voltado para cima e os joelhos flexionados; os pés ficam fixados no chão, e a musculatura postural, firme. O parceiro B deverá posicionar-se em pé à frente dos pés do parceiro A. Olhando um para o outro, ambos seguram uma bola de estabilidade entre si com a eminência tenar de cada mão na bola, com os dedos envolvendo as laterais desta. Os cotovelos estão apenas ligeiramente flexionados. O parceiro B permanecerá em pé com os joelhos flexionados, inclinando o peso sobre a bola.

Movimento

O parceiro A deverá flexionar os membros superiores para abaixar a bola de maneira lenta (e o peso parcial do parceiro) até o tórax antes de impulsioná-la de volta para cima. Durante esse movimento, o parceiro B faz um pivô nos dedos do pé a fim de se deslocar com a bola conforme ela é abaixada. O objetivo para o parceiro B é estabilizar-se sobre a bola, mantendo uma linha reta do calcanhar até o ombro.

Em seguida, o parceiro A faz pressão contra a bola, estendendo os membros superiores a fim de impulsionar a bola de volta para cima (contra o peso corporal do parceiro B). Esse procedimento dependerá do parceiro B contrair-se de maneira isométrica para manter a bola no lugar durante o movimento.

Finalização

Depois de o parceiro A impulsionar a bola de volta para cima até a posição de preparação, o parceiro B projeta seu corpo para baixo sobre a bola e então a impulsiona, projetando-se novamente para cima, contando que o parceiro A contraia-se de maneira isométrica a fim de manter a bola no lugar.

Dicas e progressões

- Ofereça a cada parceiro séries em ambas as posições.
- Um desafio avançado para o parceiro A é transferir de maneira suave a bola da esquerda para a direita, e vice-versa, durante a flexão dos membros superiores, desafiando o parceiro B a manter um sistema fechado desde o calcanhar até o tronco, ao mesmo tempo que a bola está sendo projetada para cima e para baixo.

Ombros e Parte Superior das Costas

ROTAÇÃO LATERAL COM REMADA EM PRONAÇÃO

O objetivo da Rotação Lateral com Remada em Pronação é integrar dois movimentos funcionais em um exercício. O recrutamento dos músculos extensores da coluna vertebral inteira é também enfatizado durante este exercício.

Preparação

Posicione a bola de estabilidade sob a parte mediana de seu tórax e ajeite o corpo de maneira que seus joelhos, quadris e pescoço estejam em uma posição neutra de alinhamento, conforme demonstrado na posição de preparação.

Movimento

Com as mãos segurando halteres em posição estendida abaixo dos ombros, traga os cotovelos diretamente para cima, assegurando-se de que os braços estejam em uma linha reta através do corpo. Se visualizasse este exercício de cima, seria possível desenhar uma linha reta de um cotovelo ao outro, bem ao longo da parte superior das costas. Os cotovelos nunca devem ser erguidos além dessa linha horizontal. Caso tenha problemas de pinçamento no ombro, você deverá encontrar uma amplitude de movimento confortável levemente abaixo dessa posição a fim de amenizar qualquer dor potencial no ombro.

Finalização

Assim que tiver trazido seus cotovelos para cima, estabilize essa posição e faça uma rotação lateral dos braços. Mantenha um ângulo de 90° na articulação do cotovelo, o que irá garantir uma maior alavanca e assegurar uma carga ideal na musculatura rotadora lateral. Execute uma rotação ao ponto em que seu braço e antebraço estejam em uma posição horizontal com o chão, conforme demonstrado na posição final. Mantenha essa posição por um segundo e em seguida cesse a rotação. Abaixe os membros superiores até a posição inicial e realize uma série de repetições.

a

b

c

ELEVAÇÃO CRUZADA DO DELTOIDE POSTERIOR

Este exercício visa músculos importantes na parte posterior dos ombros que ajudam a estabilizar as escápulas. A posição assumida pelo corpo irá desafiar também seus músculos estabilizadores posturais.

Preparação

Deite-se de lado sobre a bola, mantendo-a posicionada em sua axila e ao lado do tórax. Conserve essa posição lateral durante todo o movimento.

Movimento

Enrijeça o abdome e contraia o umbigo. Com seu membro superior estendido apontando para o solo e segurando um halter, comece a levantá-lo para longe do corpo.

Finalização

Ao continuar levantando o membro superior, sua musculatura postural será desafiada a estabilizar seu corpo sobre a bola. Continue a manter uma boa posição sobre a bola. Leve o membro superior para cima até o ponto em que estiver a 5° de uma posição perpendicular. Nesse momento, mantenha a posição por dois segundos e então abaixe o membro superior até a posição de preparação para sua próxima repetição.

a

b

ELEVAÇÃO ISODINÂMICA DO DELTOIDE POSTERIOR

Esta é uma atividade singular, pois incorpora exercício isométrico (contração muscular sem movimento) e movimento em um único exercício. Este exercício é direcionado aos músculos que circundam o ombro, à escápula, aos extensores do pescoço e aos extensores espinhais.

Preparação

Deite-se em pronação sobre a bola, posicionando-a logo abaixo do seu tórax. O seu corpo deve estar posicionado de maneira que os tornozelos, os joelhos e os quadris estejam alinhados e o tronco esteja flexionado à frente, para que a parte superior do seu corpo assuma um ângulo de aproximadamente 45° em relação ao solo. Com um halter em cada uma das mãos e mantendo a posição de preparação, eleve os membros superiores até que estejam quase paralelos ao chão.

Movimento

Quando seus membros superiores estiverem na posição correta, não haverá movimento de fato. Trata-se da contração do tipo isométrico, que deverá ser mantida por cerca de 5 a 10 segundos. Mantenha uma boa postura da cabeça durante essa execução.

Finalização

Depois do tempo de 5 a 10 segundos, você descobrirá que a musculatura dos ombros se cansa de modo muito rápido. Para aliviar a carga, altere o ângulo no qual ela está posicionada sobre seus ombros. Flexione os joelhos e role para trás sobre a bola a aproximadamente 20°. Mantenha a mesma postura e posicionamento dos membros superiores. Quando tiver completado o rolamento para trás, você será capaz de manter a posição por cerca de mais 5 a 10 segundos. Dessa forma, a série estará finalizada. Abaixe os halteres até o chão e descanse por um tempo predeterminado.

FLY COM EXTENSOR INVERSO

O *Fly* com Extensor Inverso tensiona o ombro por meio de uma amplitude de movimento extensa. A linha de puxadas unilaterais cruzadas desafia a musculatura postural a estabilizar a posição do tronco e da bola.

Preparação

Sentado sobre uma bola de estabilidade, afaste os pés da bola até atingir uma posição de ponte em supinação: cabeça e escápulas sobre a bola, costas e quadris paralelos ao solo. Prenda uma das extremidades do extensor em algo sólido, como na moldura de uma porta, ou em uma peça de algum aparelho para exercícios. Segure a outra alça do extensor de força ao longo do corpo, com uma pré-extensão no equipamento.

Movimento

Mantendo os cotovelos ligeiramente flexionados, tracione a alça para cima e sobre o corpo fazendo um arco.

Posição intermediária

Na repetição intermediária, os quadris estão elevados e o tronco permanece firme. Com uma extensão leve, o extensor deverá terminar no nível do ombro. Com uma maior resistência, pare acima do ombro para obter uma parada isométrica.

Finalização

Conduza a alça de volta sobre o corpo com um ritmo controlado, fornecendo uma resistência ativa contra a redução do extensor.

Dicas e progressões

- Para regredir, selecione extensores mais leves ou posicione a bola mais próxima do local onde a outra extremidade do extensor estiver presa, mas certifique-se de que há uma pré-extensão no extensor na posição de preparação.
- Progrida o exercício com extensores mais fortes e movimentos mais lentos tanto na fase concêntrica (positiva) como na excêntrica (negativa).
- Para uma maior ênfase na força dos ombros, adote extensores mais pesados e uma base de apoio mais ampla nos pés.
- Para uma maior ênfase na musculatura postural, utilize extensores moderados com uma base de apoio estreita.

a

b

PULLOVER

O *Pullover* é um excelente movimento que ajudará qualquer pessoa que não apresente uma extensão dos ombros sobre a cabeça. Esse exercício leva seus músculos peitorais e o latíssimo do dorso a uma amplitude de movimentos completa.

Preparação

Com um halter em cada mão, sente-se sobre uma bola de estabilidade e desloque-se rolando o corpo para fora dela até estar em uma posição de ponte. A bola deverá apoiar sua cabeça e seus ombros. Estenda os dois membros superiores de modo que seus bíceps estejam alinhados às suas orelhas.

Movimento

Flexione seus membros superiores à frente até uma posição em que eles permaneçam retos e elevados em um ângulo de 90° em relação ao seu corpo.

Finalização

Abaixe seus membros superiores de volta à posição inicial e repita.

Dicas e progressões

- Mantenha a musculatura postural encaixada e não arqueie as costas à medida que abaixa seus membros superiores até a posição estendida.
- Você também pode alternar os membros superiores para que cada um deles se mova de modo independente.

a

b

PUXADA ALTA E ELEVAÇÃO EM SUPINAÇÃO DO DELTOIDE

Este exercício concentra-se em treinar os músculos contralaterais, o que inclui treinar o latíssimo do dorso no lado posterior de um dos ombros ao mesmo tempo que treina o deltoide anterior no ombro oposto.

Preparação

Com um halter em cada mão, sente-se sobre uma bola de estabilidade e desloque-se rolando o corpo para fora dela até estar em uma posição de ponte. Um membro superior deve estar em extensão – o braço está alinhado à orelha – e o outro, em uma posição neutra ao lado do quadril. Utilize uma pegada neutra. Ative os glúteos e a musculatura postural a fim de propiciar uma base estável para o movimento.

Movimento

Inicie flexionando o membro superior estendido; simultaneamente, estenda o lado oposto. Ambos os membros superiores iniciam o movimento sincronizados. Mantenha a musculatura postural e os glúteos ativados a fim de conservar uma base estável para o movimento.

Finalização

Os seus membros superiores deverão estar na posição oposta à inicial.

Dicas e progressões

- Ao mudar a posição da mão de uma pegada neutra para uma pegada com as palmas voltadas para o teto, um desafio maior é criado para o latíssimo do dorso na posição acima da cabeça. Isso é resultado da rotação medial do ombro que modificará a pegada. Os latíssimos são também um rotador medial.
- Para aumentar a atividade da musculatura postural e dos glúteos, você poderá colocar um colete com pesos ou um saco de areia sobre o abdome.

FLY LATERAL COM ELEVAÇÃO FRONTAL EM PRONAÇÃO

O *Fly* Lateral com Elevação Frontal em Pronação ativa toda a sua cadeia posterior com uma maior ênfase nos adutores e extensores do ombro. A coordenação entre o lado esquerdo e o direito do corpo será testada.

Preparação

Dependendo do seu tipo de piso, pode ser vantajoso preparar-se próximo a uma parede. Comprima ambos os pés contra o solo e a base da parede, ao mesmo tempo que posiciona uma bola de estabilidade logo acima do umbigo. A cabeça, os ombros, os quadris e os joelhos devem formar uma linha razoavelmente reta em um ângulo de cerca de 45°. Segure halteres em ambas as mãos e mantenha os membros superiores estendidos abaixo do tórax.

Movimento

Encaixe a musculatura postural antes que seus ombros sejam ativados. O membro superior esquerdo começa se estendendo para o lado, como em um *fly* lateral, desafiando tanto o músculo romboide como o deltoide posterior. Eleve esse membro superior até o ponto em que ele estiver alinhado com seu corpo e paralelo ao chão. Você deve ser capaz de desenhar uma linha ao longo de suas costas, conectando a escápula ao cotovelo. Ao mesmo tempo seu membro superior direito irá se flexionar para a frente enquanto você ativa o deltoide anterior. Esse membro superior deve ser flexionado para a frente até o ponto em que estiver alinhado com sua cabeça e estar paralelo ao chão.

Finalização

Quando tiver atingido as posições contraídas, mantenha-as por um ou dois segundos. Essa prática resultará em um esforço de estabilidade e equilíbrio da parte superior do seu tronco. Depois de fazer uma pausa, retorne à posição inicial e inverta o movimento. Nesse momento flexione o membro superior esquerdo para a frente e estenda o membro direito lateralmente.

a

b

ELEVAÇÃO EM SUPINAÇÃO

A Elevação em Supinação é um ótimo exercício geral para todos os músculos da parte posterior do corpo. Ele requer uma ativação dos músculos posturais para manter o corpo em um alinhamento correto, enquanto os ombros impulsionam o corpo para cima e para baixo.

Preparação

Prepare-se em um *power rack* de maneira que a altura da barra permita a total extensão dos seus membros superiores, sem deixar que a parte superior de suas costas encoste no chão. A sua pegada determina quais músculos serão enfatizados. Uma pegada do tipo pronada (invertida), com os cotovelos apontando para fora, direciona maior resistência ao deltoide posterior e ao romboide. Uma pegada supinada, com seus cotovelos apontando para dentro, enfatiza o latíssimo do dorso. A pegada deve ser da largura dos ombros ou ligeiramente mais estreita, no caso da pegada supinada.

Inicie com a bola sob os joelhos. Ao tornar-se mais forte, você irá progredir movendo a bola na direção de seus calcanhares.

O tamanho da bola determinará a dificuldade do exercício. Comece com uma bola menor; à medida que se tornar mais forte, progrida para uma bola maior.

Movimento

Antes de começar a impulsionar o seu corpo para cima, certifique-se de que os joelhos, os quadris e os ombros estejam alinhados. Os músculos dos quadris e das costas devem estar pré-contraídos a fim de estabilizar seu corpo nessa posição. Evite projetar o queixo para dentro de modo a visualizar seu corpo. Olhe para o teto, mantendo a cabeça em uma posição neutra.

Ao começar o movimento, impulsione o seu corpo para cima até o ponto em que conseguir encostar o tórax na barra. Ao atingir essa posição, tente contrair as escápulas a fim de enfatizar os músculos entre elas e a coluna vertebral.

Finalização

Quando seu tórax encostar na barra, mantenha essa posição por dois segundos e a seguir leve o corpo para baixo de volta à posição inicial. Permita um bom alongamento da parte superior das costas e, então, repita o movimento.

a

b

PUXADA EM POSIÇÃO SENTADA DO MANGUITO ROTADOR

Com tantos bons exercícios envolvendo pressão e movimentos laterais, uma atenção especial é necessária para a cadeia posterior. Tem-se à disposição a mais variada amplitude de movimentos na articulação do ombro, mas, a fim de equilibrar a mobilidade do ombro, é necessário força. Exercícios para o manguito rotador ajudarão a desenvolver uma base mais forte no ombro, igualando a força lateral e a de pressão. Fortalecer o grupo muscular do manguito rotador também auxiliará na capacidade de enrijecer a parte mediana das costas utilizando intervalos de potência para ancorar os ombros antes de qualquer manobra de força.

Preparação

Sente-se sobre a bola de estabilidade de frente para o eixo do extensor de força, que você afixará no nível do chão em volta de uma coluna ou em casa com uma presilha para a porta. Contraia a musculatura postural e enrijeça a parte superior das costas. Sente-se com as costas eretas sobre a bola com uma boa postura e os pés apoiados no chão separados na largura dos ombros. Os joelhos devem estar nivelados à altura do quadril ou um pouco abaixo dela. Segurando o extensor ou polia, posicione o membro superior em abdução com uma flexão de 90° do cotovelo.

Movimento

Mantendo o cotovelo elevado, impulsione o extensor de força para cima e para trás até que o seu cotovelo esteja alinhado ao ombro. Continue impulsionando o extensor e realizando rotação do cotovelo. Este deverá permanecer fixo enquanto a mão faz o movimento para cima e sobre o cotovelo.

Posição intermediária

Na repetição intermediária, o cotovelo permanece nivelado ao ombro, com a mão acima deste e o tronco perpendicular à linha da puxada.

Finalização

Abaixe o extensor de maneira lenta e controlada, invertendo as duas fases de movimento. Execute a rotação do cotovelo até que a mão esteja nivelada a este e ao ombro, e em seguida solte e estenda o membro superior de modo controlado.

Dicas e progressões

- Um erro comum é a rotação do tronco a fim de auxiliar a puxada. Se o tronco não permanecer ereto em relação à linha da puxada, remova a bola e pratique esse exercício em pé (no chão) ou escolha extensores mais leves, os quais os músculos do manguito rotador possam dominar sem o auxílio do tronco.
- Para aumentar a complexidade e a ativação da musculatura postural, execute o exercício ajoelhado sobre a bola.

FLEXÃO ESCAPULAR

O subescapular e o serrátil anterior são dois importantes músculos do ombro. Ambos mantêm a escápula junta à caixa torácica durante movimentos de pressão. As Flexões Escapulares são um método eficiente para se trabalhar essa área.

Preparação

Em pé atrás da bola, posicione as mãos sobre ela na largura dos ombros. Arraste os pés para trás até que seu tórax esteja sobre a bola e você permaneça apoiado na ponta dos pés.

Movimento

O movimento é semelhante ao de uma flexão dos membros superiores tradicional. A diferença é que os cotovelos não são flexionados e estendidos. Todo o movimento de flexão origina-se no ombro. Esse movimento cria o formato de uma corcunda.

Finalização

Depois de executar a flexão até o ponto em que não puder mais tracionar, projete seu corpo lentamente para baixo e permita que suas escápulas se unam sem flexionar os cotovelos.

CÍRCULO DE ESTABILIDADE DO OMBRO COM A *MEDICINE BALL*

Em diversas atividades, o ombro é recrutado para executar múltiplas tarefas, como se estabilizar em um plano e mover-se em outro, semelhantes às que seriam observadas em um esporte de contato no qual os membros superiores estão estendidos em um padrão de bloqueio a fim de manter um oponente afastado. Ao mesmo tempo você poderá experimentar um contato na sua lateral. Esse exercício desafia o corpo de duas maneiras: o componente de pressão estática do exercício firma uma necessidade de estabilidade no plano sagital, ao passo que os minicírculos proporcionam um desafio multiplanar para o ombro. Este é um excelente movimento caso se esteja passando por um processo de reabilitação do ombro.

Preparação

Inicie posicionando uma *medicine ball* contra a parede na altura dos ombros. Os seus pés deverão estar separados na largura dos quadris, e o seu corpo, posicionado de maneira firme e atlética. Mantenha o membro superior totalmente estendido e paralelo ao chão.

Movimento

Pressione a bola contra a parede o suficiente para mantê-la nessa posição. Uma vez travado nessa posição, comece a fazer círculos no sentido horário.

Finalização

Depois de completar de 4 a 8 círculos em sentido horário, inverta o movimento e complete de 4 a 8 círculos em sentido anti-horário. Execute as séries usando os dois ombros.

Dicas e progressões

- Você pode acrescentar dificuldade a este exercício aumentando o peso da sua *medicine ball*.
- Você pode também ampliar o tamanho dos círculos a fim de aumentar a dificuldade.

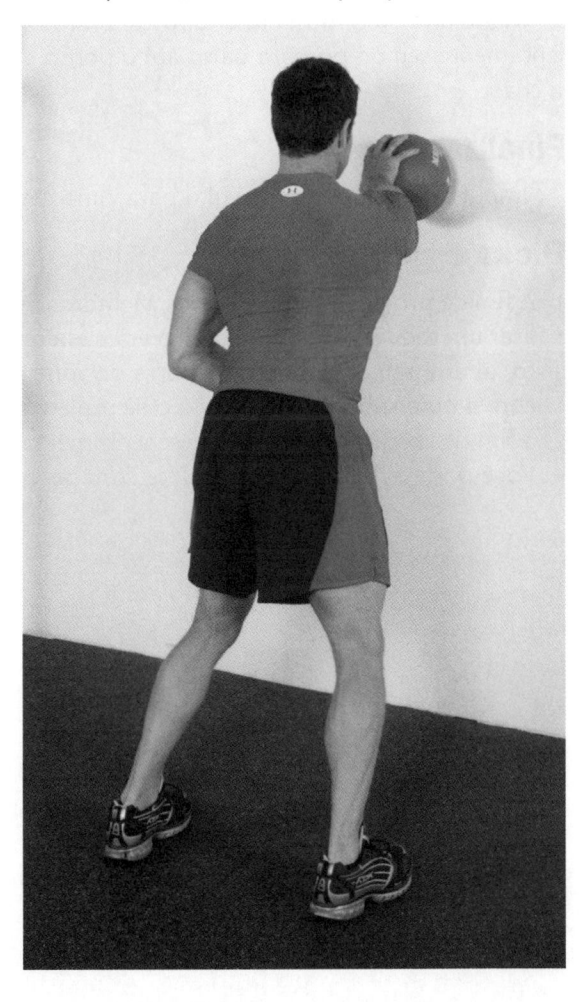

FLEXÃO DOS MEMBROS SUPERIORES COM ESQUADRO

Ainda que a flexão dos membros superiores tradicional seja um excelente exercício para desenvolver o peitoral, a Flexão dos Membros Superiores com Esquadro levará a um maior recrutamento dos deltoides, como em um desenvolvimento pela frente (desenvolvimento militar).

Preparação

Inicie com a bola sob o abdome e as mãos apoiadas no chão em uma posição de flexão dos membros superiores. Desloque-se para a frente com as mãos a fim de que a bola role na direção dos seus pés. Ao final do deslocamento, comece a contrair o abdome e a flexionar os quadris. Você se assemelhará a um "L" invertido. Mantendo essa posição, você então estará pronto para iniciar o movimento.

Movimento

Mantenha uma musculatura postural firme e flexione os cotovelos a fim de projetar lentamente seu corpo para baixo até o ponto em que sua cabeça esteja quase tocando o chão.

Finalização

Impulsione seu corpo de volta para cima até a posição inicial e repita o movimento.

Dicas e progressões

• A fim de progredir na Flexão dos Membros Superiores com Esquadro, você pode realizar um esquadro mais dinâmico em cada repetição. Depois de cada desenvolvimento, abaixe seus membros inferiores de volta a uma posição em pronação completa com a bola sob seus pés, e então se projete para cima novamente formando um "L" a fim de executar o próximo desenvolvimento.

• Você pode acrescentar um colete com peso a fim de aumentar a resistência.

a

b

TAPA NA BOLA PARA OMBRO

A capacidade dos músculos de se ativarem de maneira muito rápida e vigorosa resultará em uma maior proteção das articulações. Esta atividade treina os músculos da articulação do ombro para que reajam muito rapidamente a movimentos desestabilizadores a partir de três posições diferentes.

Preparação

Sentado sobre um banco reto, posicione uma bola ao seu lado e estenda o membro superior lateralmente de modo que sua mão fique sobre ela. Exerça uma firme pressão para baixo nela a fim de não permitir qualquer movimento. Mantenha uma postura ereta com o tórax erguido e enrijeça o abdome.

Movimento

Ao mesmo tempo que você pressiona a bola para baixo, o seu parceiro deverá iniciar uma série de espalmadas na bola em direções variadas com uma potência de aproximadamente 60 a 75%. Empregue um esforço máximo a fim de evitar qualquer tipo de movimento na bola. Embora a figura apresente o membro superior em uma posição de abdução lateral, este exercício pode ser executado com o membro em posições variadas (como estendido à frente ou em um ângulo de 45°).

Finalização

A série é cumprida quando o número de tapas for completado (recomenda-se de 20 a 30 tapas aplicados de maneira rápida na bola).

PUXADA ESCAPULAR DOS MEMBROS SUPERIORES

A maior parte dos problemas no ombro é resultado de fraqueza na musculatura do lado posterior dele e nos músculos que se estendem da coluna vertebral até a escápula. Este exercício fortalece esses músculos e propicia equilíbrio entre os músculos mais fortes tanto da parte anterior como posterior do ombro.

Preparação

Utilize uma bola que permita que seus membros superiores permaneçam em uma posição totalmente estendida na direção do solo ao mesmo tempo que segura halteres; mantendo-os nas mãos, deite-se sobre a bola de maneira a posicioná-la sob seu esterno. Alinhe os ombros, os quadris e os joelhos.

Movimento

Contraia os músculos da parte inferior do trapézio para que sua escápula projete-se para baixo, em direção à sua caixa torácica. Esse movimento pode ser descrito como uma depressão dos ombros. Quando atingir a amplitude máxima para sua escápula, comece a rotar lateralmente as mãos a fim de trabalhar esses músculos mais profundamente.

a

Finalização

Uma vez executada a rotação lateral completa dos ombros, mantenha essa posição por 2 a 3 segundos e retorne à posição inicial.

b

PASSES DE OMBRO A OMBRO COM A *MEDICINE BALL*

Este exercício desenvolve força nos ombros e na região das costas, e interliga a força através dos membros inferiores, dos quadris, do tronco e da parte superior do corpo. Em suas formas avançadas, as mecânicas do equilíbrio, da propriocepção e do contra-movimento são todas enfatizadas.

Preparação

Posicione-se em pé voltado para o seu parceiro; mantenham-se separados a cerca de três passos de distância, bem como com os pés afastados na largura dos ombros, os joelhos ligeiramente flexionados e o abdome pré-contraído.

Movimento

O parceiro A deverá posicionar uma das mãos e a *medicine ball* diretamente à frente do ombro direito. A linha de passe se estende do seu ombro direito até o ombro direito do parceiro B, que precisará preparar-se para receber a bola. Ele deverá flexionar os joelhos, contrair a musculatura postural e estender totalmente os membros superiores de modo a proporcionar um alvo ao parceiro. O objetivo é "amortecer" a recepção do passe com o corpo inteiro. A bola chega às mãos e os membros superiores se flexionam, trazendo-a para mais perto do ombro direito. Ao flexionar os joelhos, os quadris são projetados para baixo e o peso do corpo é transferido para o membro inferior direito. Trata-se de uma pegada com o corpo inteiro. O passe de volta inverte o fluxo. O passe se inicia com a impulsão do pé contra o chão, a extensão do membro inferior e a rotação do quadril e do tronco, e termina com a extensão dos membros superiores a fim de que a bola seja arremessada de volta para o parceiro A. O movimento do membro superior é como uma impulsão direta a partir do ombro (semelhante a um arremesso de peso), ao contrário de um lançamento no beisebol.

Finalização

Continue nessa sequência por uma quantidade estipulada de repetições. Repita a série de ombro esquerdo para ombro esquerdo.

Dicas e progressões

* Passe unilateral de ombro a ombro: execute a mesma técnica e progressão com um único membro superior. Para apanhar a bola, você dependerá mais da recepção e do amortecimento da bola com o corpo inteiro. O exercício torna-se uma pegada com o tronco e a parte inferior do corpo. Você também dependerá da qualidade do passe. Nas primeiras tentativas de realizar esse exercício avançado, haverá uma tendência de seu parceiro arremessar a bola com um passe suave e arqueado, que é mais difícil de ser apanhado. Um passe direto e com força de um ombro para o outro será mais fácil de amortecer e equilibrar.

- Para executar um passe unilateral invertido de ombro a ombro siga as mesmas instruções do exercício, porém equilibre-se em um único membro inferior. No passe de ombro direito a ombro direito, os dois parceiros se equilibram sobre o membro inferior esquerdo. O equilíbrio superior, a propriocepção, a estabilização da musculatura postural e do quadril e a recepção de passe multiarticular são desafiados.

a

b

ARREMESSO LATERAL DE FUTEBOL COM A *MEDICINE BALL*

Este exercício específico ao futebol desenvolve grande força no latíssimo do dorso e potência nas costas. Ele expande o tronco e requer estabilidade da musculatura postural.

Preparação

Os parceiros posicionam-se em pé, de frente um para o outro, separados a cerca de dois passos de distância. Ambos deverão manter os pés separados na largura dos ombros, os joelhos levemente flexionados e o abdome pré-contraído. O parceiro A começa segurando a bola acima da cabeça.

Movimento

O parceiro A deverá inicialmente projetar a bola para baixo, por trás da cabeça, e em seguida impulsioná-la de novo sobre a cabeça, lançando-a assim que os membros superiores estiverem totalmente estendidos e as mãos, a cerca de 30 centímetros à frente do corpo. O passe é direcionado acima da cabeça do parceiro B.

Finalização

O parceiro B apanha a bola no alto, acima da cabeça, a aproximadamente 2,5 centímetros à frente. O passe é amortecido ao se receber a bola e ao desacelerar a sua velocidade de maneira progressiva até que ela esteja posicionada atrás da cabeça. Uma flexão adicional do joelho durante a recepção do passe irá proporcionar a sua absorção e proteger a região lombar da coluna vertebral. Devolva o passe e continue por um número desejado de repetições.

Dicas e progressões

- Apanhe passes baixos agachando-se rapidamente, projetando os quadris para baixo e flexionando os joelhos o quanto for preciso a fim de apanhar a bola por cima da cabeça.
- Essa prática também é recomendável como uma progressão avançada. O passe pode ser realizado em um nível baixo para que você possa se agachar e o apanhar, além de impulsionar-se para cima com uma extensão dos joelhos na devolução dele.

EXTENSÃO DE OMBRO COM BASE NA PAREDE

Este exercício se concentra na cadeia posterior para fortalecer as costas e os deltoides posteriores.

Preparação

Posicione-se em pé de costas para a parede, com os pés separados na largura dos ombros, os joelhos flexionados, a musculatura postural firme e contraída, a parte mediana das costas preparada e os ombros e cotovelos flexionados em 90°. Rote o ombro de modo que seu cotovelo fique nivelado com ele e pressione uma bola de estabilidade DSL contra a parede. Uma pressão forte sobre a bola de estabilidade é necessária para que seja possível sobrepor a carga (peso da bola). Mantenha a posição por cinco segundos.

Movimento

Mova os membros superiores, o tronco e os pés e faça uma rotação ao redor da bola; finalize o movimento de frente para a bola com os dois antebraços pressionando-a.

Finalização

Retire o membro superior original e faça uma rotação lateral, afastando-se da bola. Finalize de costas para a bola, com o novo membro superior e o ombro encaixados a fim de mantê-la no lugar. Segure esse membro superior por cinco segundos antes de alternar os lados.

Dicas e progressões

Na posição em que você segura a bola por cinco segundos, mantenha uma postura neutra, evitando um arqueamento lombar a fim de compensar uma deficiência de força no cíngulo do membro superior. Com o progresso da força, passe para uma extensão total do ombro. Quando estiver na posição em que segura a bola de costas para a parede, estenda o membro superior por cima da cabeça e mantenha essa posição por cinco segundos (ver Figura *b*). Esse procedimento exigirá tanto uma força para impulsionar a bola *para cima* na parede como uma força para pressioná-la *contra* a parede, a fim de oferecer resistência à gravidade que está agindo sobre a carga DSL.

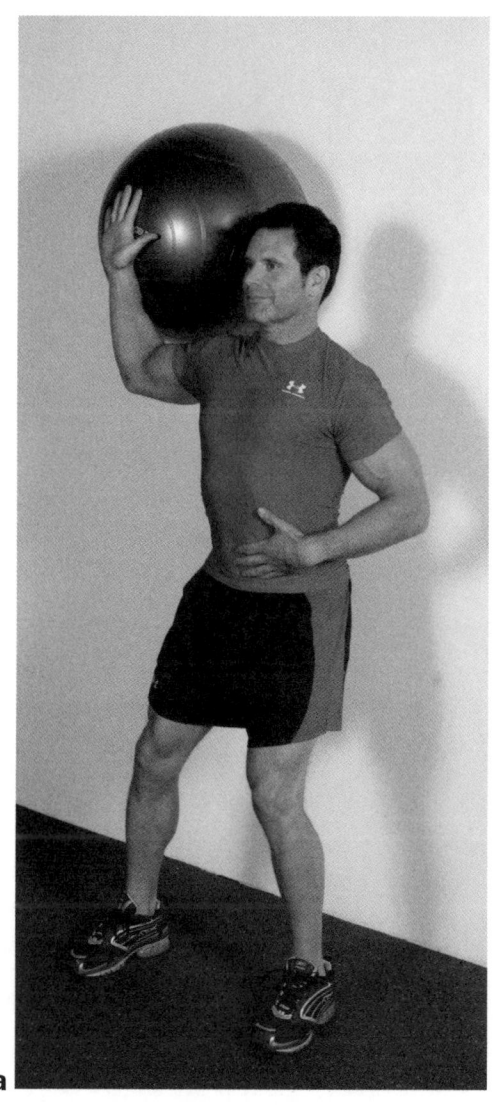

a

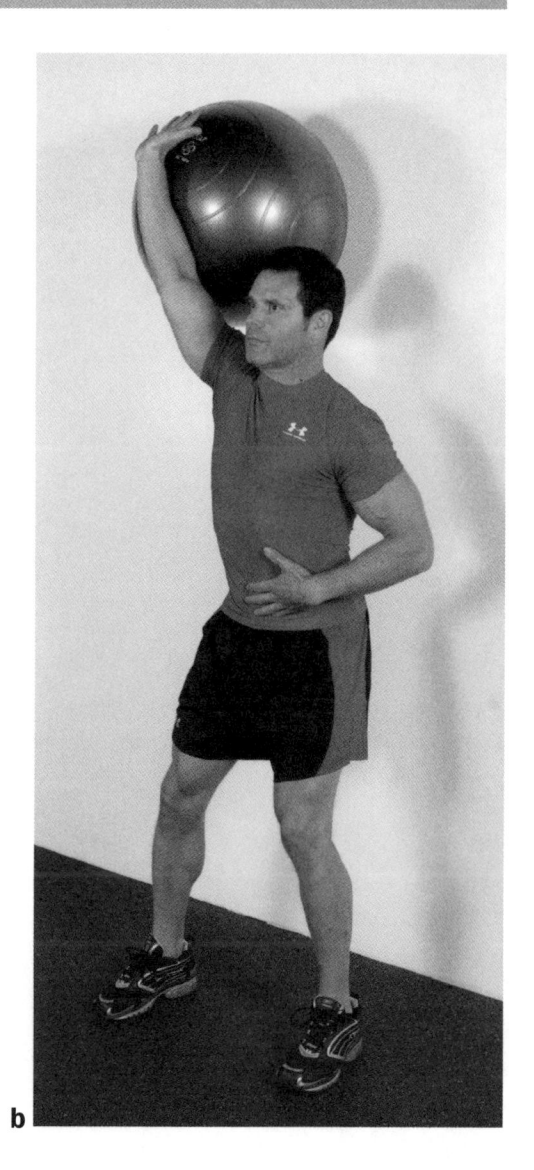

b

Abdome, Região Lombar e Glúteos

Exercícios neste capítulo

ABDOMINAL ENROLADO

Este exercício apropria-se do conceito tradicional dos abdominais retos com base no solo. Uma técnica refinada é exigida para que se possa sentir a mesma queimação que se sentiria com abdominais e abdominais retos com base no solo. Abdominais Enrolados com bola produzem resultados de forças superiores em razão do formato da bola permitir um envolvimento dela pelo tronco a fim de pré-alongar o abdome, o que lhe oferece condições para trabalhar com uma maior amplitude de movimento. O formato da bola é mais confortável para as costas e direciona melhor a força para o abdome, em vez de ativar os flexores do quadril.

Preparação

O posicionamento para a preparação é fundamental para a contração concêntrica obtida no ponto máximo do abdominal reto. Sente-se sobre a bola e role para a frente de maneira suave. Os pés deverão estar apoiados no solo e separados na largura dos ombros. A preparação é de fato alcançada na metade do exercício, pois sua precisão determina o nível da sobrecarga abdominal obtida. Ao fazer o abdominal sobre a bola, mantenha uma contração e retire a região lombar da coluna vertebral de cima da bola.

Movimento

Após enrijecer a musculatura postural, projete o corpo para baixo de maneira lenta e controlada, e continue a descer até que o seu corpo envolva a bola; projete-o de maneira controlada a fim de trabalhar a contração muscular excêntrica. Evite juntar as mãos atrás da cabeça; simplesmente certifique-se de que os membros superiores estejam "quietos" ou cruzados sobre o tórax ou flexionados ao seu lado. Mantenha-os imóveis durante o movimento a fim de evitar qualquer tipo de impulso.

Posição intermediária

Na posição intermediária, faça uma pausa ao final da fase de carga excêntrica e sinta o alongamento antes de iniciar o movimento de volta para cima e para fora da bola. Embora você esteja de fato envolvendo apenas parcialmente a bola, é provável que sua percepção permita que você sinta que está quase de cabeça para baixo.

Finalização

Eleve lentamente seu tronco para fora da bola, segmento por segmento, até que esteja sentado com as costas eretas e apoiado sobre seus glúteos.

Dicas e progressões

- Adotar uma base de apoio mais ampla pode tornar este exercício mais fácil.
- Você pode avançar o nível de dificuldade posicionando os pés mais próximos, o que requer mais ativação muscular para estabilizar-se sobre a bola durante o movimento que o uso de uma base de apoio mais ampla.
- Após ter êxito treinando com uma base menor, feche seus olhos a fim de aumentar a demanda. Sempre que perceber uma perda de equilíbrio, abra os olhos.

a

b

BLOQUEIO ABDOMINAL DE ADAM COM A *MEDICINE BALL*

Este é um excelente movimento que requer um parceiro. Esta prática, que foi desenvolvida por Adam Douglas, um preparador físico do Athletic Conditioning Center, ativa seus músculos abdominais retos. A base deste exercício não se concentra apenas no trabalho abdominal, mas também na interligação dos adutores para agarrar-se à *medicine ball*. Este é um excelente método para integrar tanto os músculos do plano frontal como os do plano sagital.

Preparação

Deite-se de costas, com os membros inferiores elevados em um ângulo de 90° e com os dedos da mão tocando suas têmporas. Comprima uma *medicine ball* entre os joelhos. Os cotovelos devem estar em contato com as coxas.

Movimento

Quando estiver nessa posição, mantenha seus cotovelos firmes junto às coxas. Um parceiro deverá agarrar os seus joelhos e deslocá-lo para a frente.

Finalização

Ao ser deslocado para a frente, mantenha-se bem rígido. Não permita que seus cotovelos se separem das suas coxas.

Dicas e progressões

Para aumentar a dificuldade deste exercício, o seu parceiro pode utilizar uma velocidade mais baixa e mais alta ao balançar o seu corpo. O movimento de tração nunca deve ser explosivo, mas sim controlado.

a

b

ABDOMINAL LATERAL

Este exercício concentra-se nos músculos que o permitem flexionar-se de um lado para o outro: o quadrado lombar e os oblíquos. Esses músculos são importantes para a flexibilidade e a estabilidade da musculatura postural.

Preparação

Posicione uma bola a cerca de três a quatro pés (aproximadamente um metro) de uma parede. Sente-se sobre a bola de maneira que seus quadris permaneçam sobre o vértice dela e seus pés fiquem contra a parede; estabilize-os contra a parede para que você não role para a frente. Deite-se ao longo da bola de modo a flexionar-se lateralmente sobre ela.

Movimento

A partir da posição apoiada, comece a executar o abdominal lateralmente até que seus joelhos, quadris e ombros estejam todos alinhados.

Finalização

Uma vez atingida a posição em que seu corpo esteja alinhado, retorne à posição inicial e certifique-se de que está novamente estendido de maneira completa sobre a bola.

Dicas e progressões

- Assim como em um abdominal tradicional, há diversas variações para o abdominal lateral. Você pode progredir da posição em que mantém seus membros superiores cruzados no tórax até a posição em que mantém suas mãos ao lado das orelhas e, em seguida, estender os membros superiores acima da cabeça.
- Você pode acrescentar uma carga externa segurando um halter à frente do seu tórax.
- Ao usar uma *medicine ball*, você poderá adicionar um componente balístico ao exercício quando executar um abdominal lateral com arremesso para um parceiro.

ROSCA SUPINADA PARA A REGIÃO INFERIOR DO ABDOME COM POLIA

Este é um eficiente método para se acrescentar resistência aos músculos abdominais inferiores. Estes constituem área fundamental no controle do posicionamento pélvico, que pode desempenhar um papel importante na diminuição de dores na região lombar da coluna vertebral.

Preparação

Deite-se no solo, com as pernas sobre a bola, e posicione uma polia com uma presilha ao redor de seus tornozelos. As suas mãos devem ficar sob a região lombar da coluna vertebral, no nível do umbigo. Certifique-se de que suas costas estejam em contato com suas mãos, o que garante uma postura correta da região lombar durante o exercício.

Movimento

Enrijeça a musculatura postural e conduza os joelhos em direção ao tórax. Concentre-se em não permitir que suas costas formem um arco e saiam do chão à medida que projeta seus joelhos para cima e para trás.

Finalização

Uma vez atingido um ponto em que seus membros inferiores ultrapassem um ângulo de 90°, retorne lentamente à posição inicial.

Ponto de segurança

Caso não consiga manter sua postura com a carga adicional da polia, concentre-se em executar o movimento sem ela, progrida para uma *medicine ball* entre os membros inferiores e, então, tente a polia novamente.

a

b

ROSCA SUPINADA LIVRE PARA A REGIÃO INFERIOR DO ABDOME

Este é o exercício abdominal mais avançado a se executar. Ele se concentra na força pélvica, na estabilidade e no equilíbrio.

Preparação

Posicione uma bola à frente de alguma estrutura sólida na qual você possa se segurar. A lateral de um *power rack* ou uma barra com pesos servirá. Deite-se sobre a bola de maneira que a região lombar de sua coluna vertebral esteja apoiada pela curvatura da bola e seus joelhos estejam flexionados. Segure-se ao *rack* sobre a cabeça a fim de estabilizar-se.

Movimento

Inicie enrijecendo a musculatura postural e concentre-se em desencurvar sua pelve para fora da curvatura da bola. Será possível executar essa prática ao projetar lentamente seus joelhos em sua direção. Quando seus membros inferiores atingirem o ponto de ângulo de 90°, tente atingir um limite máximo com os joelhos, elevando a pelve a uma altura maior em uma posição de abdominal invertido.

Finalização

Ao atingir a altura máxima que conseguir, mantenha essa posição por dois ou três segundos e, então, lentamente retorne à posição inicial, invertendo seus movimentos.

a

b

TRANSFERÊNCIA DA *MEDICINE BALL* COM ABDOMINAL EM "V"

Este exercício desafia a musculatura postural por meio de uma amplitude de movimento que abrange tanto a sua extensão como a sua flexão.

Preparação

Deite-se de costas com os membros superiores totalmente estendidos acima da sua cabeça, segurando uma *medicine ball*.

Movimento

Inicie enrijecendo a musculatura postural e flexionando a cintura. Essa prática permitirá que seus membros inferiores e superiores se elevem ao mesmo tempo. Flexione-se para a frente até que possa transferir a bola de suas mãos para seus pés.

Finalização

Quando tiver transferido a bola para os seus pés, projete o seu corpo de volta à posição inicial e repita.

Dicas e progressões

- Assegure-se de que, ao se flexionar para a frente, seus membros superiores permaneçam estendidos sobre a cabeça.
- Este exercício é bastante avançado e desafiador. Você talvez deseje iniciá-lo transferindo uma bola de estabilidade antes de progredir para uma *medicine ball*.

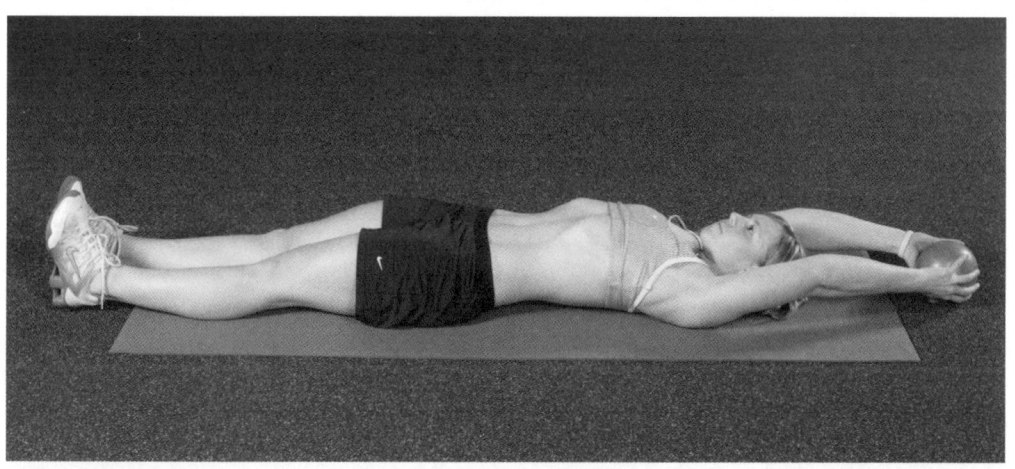

a

b

PUXADA SUPINADA COM RESISTÊNCIA

Este exercício se concentra nos músculos abdominais inferiores e os obriga a sobrepor a sobrecarga. A carga e o tempo sob tensão rapidamente fatigam a musculatura e produzem grandes ganhos de força.

Preparação

Inicie o movimento deitando-se no solo em decúbito dorsal. Mantenha as mãos no chão, logo abaixo de seus glúteos. Posicione um pé de cada lado da bola e exerça uma pressão para dentro. Um treinador ou parceiro posiciona-se ao lado da bola.

Movimento

Levante a bola do chão e projete-a para cima e sobre o tórax ao flexionar os joelhos; permita que os quadris saiam do solo. Aja como se criasse um arco do solo até a posição intermediária acima do tórax. O parceiro aplica resistência à bola com as mãos, evitando seu deslocamento. Surpreendentemente, uma resistência muito leve será um desafio.

Finalização

Quando a bola estiver sobre seu tórax, o parceiro já terá terminado de aplicar resistência. Conduza a bola de volta ao chão de maneira lenta e controlada. Mantenha uma inclinação pélvica a fim de evitar um arqueamento excessivo da região lombar da coluna vertebral.

Dicas e progressões

Comunique-se com seu parceiro para determinar a quantidade ideal de sobrecarga.

a

b

EXTENSÃO INVERSA DAS COSTAS

Este é um bom exercício que trabalha a região lombar da coluna vertebral. Ele usa tanto uma bola como um banco, e a dificuldade pode ser aumentada usando-se uma polia presa aos tornozelos.

Preparação

Posicione uma bola de estabilidade sobre um banco reto e deite-se sobre ela ao mesmo tempo que agarra as laterais do banco a fim de obter apoio.

Movimento

Comece enrijecendo a musculatura postural antes de tentar estender os quadris e os membros inferiores. A cabeça e o pescoço deverão igualmente manter uma posição neutra. Um pouco antes de começar a estender os quadris e os membros inferiores, ative os glúteos comprimindo-os para ter certeza de que eles iniciarão o movimento.

Finalização

Os membros inferiores deverão ser elevados até um ponto em que os joelhos, quadris e ombros estejam todos alinhados. Mantenha a posição contraída por um segundo e então projete-se para baixo até a posição inicial.

Dicas e progressões

Você poderá avançar de maneira gradual para a hiperextensão invertida como resultado de uma progressão longa e segura. A seguir estão alguns exemplos:

1. Comece com a bola e as mãos apoiadas no chão a fim de obter equilíbrio. Estenda os quadris. Inicie com uma bola não totalmente cheia, e progrida até uma bola completamente inflada.

2. Posicione a bola sobre um banco e execute o movimento sem resistência externa. Novamente, comece com uma bola não totalmente cheia, e progrida até uma bola totalmente inflada.

3. Segure um halter de 2,5 a 5 quilos entre os tornozelos e estenda os quadris.

4. Progrida até uma hiperextensão invertida completa com polia.

a

b

EXTENSÃO DAS COSTAS

A Extensão das Costas é um importante movimento que integra a região lombar, os glúteos e os músculos isquiotibiais. Este exercício tem sido tradicionalmente executado em um banco para extensão das costas. A bola de estabilidade permite que o equilíbrio seja treinado.

Preparação

Posicione uma bola de estabilidade à sua frente, e deite-se sobre ela. O seu centro de gravidade deverá estar ligeiramente atrás do centro da bola. Ao iniciar, certifique-se de que seus membros inferiores estão distantes o suficiente um do outro, a fim de proporcionar uma boa base de apoio para iniciar o movimento.

Movimento

Posicione suas mãos ao lado de suas orelhas, enrijeça seu abdome, ative os glúteos e eleve-se de maneira lenta até o ponto em que seus ombros, quadris e joelhos estejam em uma linha razoavelmente reta. Mantenha essa posição.

Finalização

Projete-se lentamente para baixo de volta à posição inicial, propiciando um alongamento à região lombar de sua coluna vertebral.

Dicas e progressões

- Aproxime mais os membros inferiores, diminuindo sua base de apoio e aumentando o fator de estabilidade.
- Mantenha os membros superiores para fora e retos com os polegares apontando para o teto (como na pose do super-homem) a fim de aumentar a extensão do braço de alavanca e a tensão sobre as costas e os glúteos.

a

b

DESENVOLVIMENTO DAS COSTAS EM PRONAÇÃO

Este exercício proporciona um método de baixa carga para contrair preferencialmente o latíssimo do dorso ao mesmo tempo que integra a região lombar da coluna vertebral e os glúteos juntamente à cadeia posterior.

Preparação

Ajoelhe-se atrás de uma bola de estabilidade DSL. Role sobre a bola em uma posição de flexão dos membros superiores em prancha; posicione os quadris sobre a bola, de maneira que o tronco esteja para fora e à frente, e os membros inferiores, para fora e atrás dela. Contraia os glúteos a fim de manter os membros inferiores estendidos, e contraia a musculatura postural para manter-se em cima da bola.

Movimento

Mantendo as mãos no lugar, impulsione-se para trás até que os membros inferiores estejam estendidos à frente dos ombros. Com os membros superiores estendidos, tracione o corpo de volta por cima da bola até chegar a uma posição de flexão dos membros superiores.

Dicas e progressões

- Para regredir este exercício, inicie com as mãos mais próximas da bola e com o seu corpo situado mais para o lado oposto até o ponto em que os dedos do pé estejam no chão.
- Você poderá obter um desafio maior iniciando com as mãos mais distantes da bola.

a

b

ABDOMINAL RETO COM BOLA E PASSE DA *MEDICINE BALL*

O passe da *medicine ball* acrescenta uma carga dinâmica ao exercício abdominal fundamental. Apanhar uma *medicine ball* obriga um torque carregado de maneira periférica, que deve ser absorvido e desacelerado de modo controlado. Um desafio adicional é a instabilidade em cima da bola de estabilidade, onde o peso do corpo exerce uma carga no chão, na parte de baixo da bola de estabilidade.

Preparação

O parceiro A deverá posicionar-se sobre a bola de estabilidade, sentando a aproximadamente um terço abaixo do lado da frente da bola, com os pés apoiados no chão e separados na largura do quadril. Com pouco ou nenhum movimento na bola de estabilidade, o parceiro A rola para trás sobre a bola, permitindo que suas costas se ajustem ao redor dela. O parceiro A está com a *medicine ball* nas mãos, pronto para efetuar um passe na altura do tórax para o parceiro B ao final da execução do abdominal reto. O parceiro B está em pé, a aproximadamente um metro de distância do parceiro A, com boa postura esportiva, preparado para executar e receber os passes com a *medicine ball*.

Movimento

A partir da posição inicial, o parceiro A contrai a parede abdominal e executa um abdominal com movimento completo – e não apenas parcial – mantendo o pescoço em uma posição neutra. Conforme o parceiro A se aproxima da fase final da subida do abdominal, ele passa a bola na altura do tórax para o parceiro B, lançando-a com a ponta dos dedos.

Posição intermediária

Na fase final da subida, o parceiro A deverá estar com a parede abdominal contraída em um alinhamento neutro dos quadris até o pescoço. A articulação do quadril está em um ângulo ligeiramente superior a 90°. Nessa posição, a região lombar da coluna vertebral está fora da bola, e os glúteos estão sobre a parte de cima da frente dela. Na posição intermediária, a musculatura postural permanece contraída. Caso o parceiro A continue se deslocando para a frente até um ponto em que a musculatura postural relaxe, incline-se levemente para trás até que a musculatura postural se contraia novamente. Nessa posição, o parceiro A está com as mãos estendidas à frente, criando um alvo para que o parceiro B passe a bola de volta.

Finalização

O parceiro B passa a bola de volta na altura do tórax para o parceiro A, que absorve o passe imediatamente ao contrair os músculos estabilizadores posturais, e em seguida rola o corpo de volta à posição inicial.

Dicas e progressões

- Inicie com abdominais lentos e controlados e passes entre parceiros de um tórax a outro.
- A fim de avançar, aumente o peso da *medicine ball*, bem como a contagem de repetições, ou aumente o ritmo tanto do arremesso como do abdominal.
- Outro desafio pode ser acrescentado com o aumento da extensão das alavancas do parceiro A ao se estender os membros superiores por cima da cabeça durante o arremesso e a pegada. Nessa variação, na fase de descida do abdominal, segure a bola por cima da cabeça e não à frente do tórax.

Bíceps, Tríceps e Antebraços

9

Exercícios neste capítulo

ROSCA EM PÉ

O objetivo da técnica desta variação da rosca é o de oferecer uma maneira de sentir a postura correta, bem como de se concentrar exclusivamente no movimento do bíceps.

Preparação

Um parceiro lhe ajuda a posicionar a bola entre você e a parede. O posicionamento da bola deve ser no nível da escápula. Em pé, ao ficar de costas para a bola, seu tórax deverá estar erguido, assim como as suas costas deverão estar eretas, mas mantenha uma ligeira flexão nos joelhos. Você deve sentir a bola com a parte de trás dos braços (tríceps) o tempo todo. Esse procedimento garante que você mantenha um posicionamento com o membro superior reto, o que irá aumentar o recrutamento do bíceps.

Movimento

Mantendo os olhos focados diretamente à frente, comece contraindo o umbigo e, em seguida, flexione os cotovelos. Conduza o halter até o ponto em que não puder mais flexionar seu membro superior.

Finalização

Uma vez atingida a posição de flexão máxima, inicie uma descida lenta para retornar à posição inicial. Abaixe o peso até o ponto no qual seus cotovelos estejam totalmente estendidos.

a

b

ROSCA ACENTUADA EXCÊNTRICA

Uma contração excêntrica ocorre quando um músculo é estendido sob carga. As contrações excêntricas são conhecidas por serem significativamente mais fortes que as contrações concêntricas (nas quais um músculo é retraído sob carga). No movimento de rosca, ao descer o peso, você na verdade consegue abaixar um peso maior do que conseguiria levantar. Caso se concentre em enfatizar a parte excêntrica do movimento, o seu potencial de força concêntrica (de elevação) aumentará.

Preparação

Utilize uma bola que o permitirá deitar-se em pronação sobre ela com os membros superiores totalmente estendidos. Selecione um peso que seja 20 a 40% mais pesado do que o habitualmente utilizado.

Movimento

Como o peso é significativamente mais pesado do que o que você normalmente usaria, será preciso rolar para trás sobre a bola a fim de levantá-lo. Esse rolamento para trás irá lhe fornecer uma vantagem mecânica e irá lhe auxiliar no levantamento do peso.

a

Finalização

Uma vez que sustentar o peso em uma posição totalmente flexionada, role para trás de modo que o seu membro superior esteja de volta à posição estendida para baixo. Comece a estender seu cotovelo bem lentamente. Você deverá levar de quatro a seis segundos para abaixar o peso. Assim que o membro superior estiver totalmente estendido, reposicione-se para a próxima repetição.

b

REBOTE NA PAREDE COM A MEDICINE BALL POR CIMA DA CABEÇA

Este exercício desafia a velocidade e a reação das mãos. O movimento propriamente dito é específico ao arremesso lateral no futebol e ao passe realizado por cima da cabeça no basquete. Nos esportes, a velocidade e o movimento explosivo são fatores críticos, e esta atividade permite uma rápida movimentação.

Preparação

Posicione-se em pé a cerca de três a quatro pés (aproximadamente um metro) de distância de uma parede, com seu corpo em uma postura esportiva adequada e com a sua musculatura postural contraída. Segure a *medicine ball* por cima da cabeça e flexione os cotovelos de maneira que a bola seja de fato mantida por trás da cabeça. Ambos os cotovelos devem estar apontados diretamente para o teto.

Movimento

Ao mesmo tempo que mantém a posição dos cotovelos, estenda-os rapidamente de modo a lançar a bola na direção da parede. Mantenha a posição da musculatura postural enquanto estende os cotovelos.

Finalização

A bola voltará da parede de modo muito rápido. Certifique-se de que suas mãos estejam prontas para recebê-la. A velocidade da bola ao voltar da parede irá fornecer um alongamento balístico ao seu tríceps. A carga elástica é então usada como uma recarga e na continuação para a próxima repetição.

Dicas e progressões

Imagine a bola como uma "batata quente". Certamente, você não desejará segurar uma bola que seja tão quente por muito tempo. Quanto menos tempo permanecer com a bola nas mãos, mais propriedades elásticas do seu tríceps serão desenvolvidas.

EXTENSÃO DO TRÍCEPS INCLINADA

A Extensão do Tríceps Inclinada proporciona um grande desafio ao tríceps, especificamente à cabeça longa dele. Como resultado da posição dos membros superiores sobre a cabeça, a cabeça longa terá um pouco mais de trabalho que as outras partes do tríceps.

Preparação

Deite-se de costas sobre a bola de estabilidade. Uma vez posicionado, role para a frente até uma posição na qual a bola esteja apoiando sua cabeça, seus ombros e suas costas. Uma vez posicionado, eleve seus membros superiores acima da cabeça em uma posição estendida com halteres nas mãos.

Movimento

Ao mesmo tempo que mantém o membro superior ereto, flexione a articulação do cotovelo e leve os halteres para baixo até um ponto em que alcançar uma flexão total do cotovelo. Os halteres deverão estar em cada um dos lados da sua cabeça nesse momento.

Finalização

Para finalizar o movimento, retorne à posição inicial. Mantenha os cotovelos apontados diretamente para cima, o que irá propiciar um isolamento ideal para seus tríceps.

a

b

FLEXÃO PARA O TRÍCEPS COM APOIO NA BOLA

Este é um exercício avançado que só deverá ser realizado pelos praticantes mais experientes. Tente primeiro com os pés apoiados no chão; conforme você se tornar mais forte, será possível executá-lo com os pés suspensos em um banco.

Preparação

Posicione as duas mãos sobre a bola e os pés no solo, mantendo as costas em uma posição firmemente apoiada e o abdome contraído.

Movimento

Mantendo suas costas e a postura extremamente firmes, inicie o movimento projetando seus cotovelos para baixo em direção ao chão. O movimento pode ser descrito como a ação de envolver a bola com seus antebraços.

a

Finalização

Ao atingir a posição de descida, após projetar seus cotovelos para baixo, seu corpo será desafiado a permanecer sobre a bola. Mantenha sua posição e estenda os membros superiores a fim de projetar-se de volta à posição inicial.

b

FLEXÃO DOS MEMBROS SUPERIORES COM A *MEDICINE BALL*

Este exercício adota a simplicidade das flexões dos membros superiores e acrescenta equilíbrio, estabilidade da musculatura postural e maiores exigências de força.

Preparação

Posicione uma *medicine ball* à sua frente. Permaneça em uma posição em pronação com as mãos sobre a bola e flexão dos membros superiores. Contraia o abdome para manter o tronco rígido (em uma linha reta dos tornozelos até os ombros). As mãos deverão estar sobre a bola em posições de 3 e 9 horas. Para obter um maior desafio, aproxime os pés a fim de criar uma pequena plataforma, aumentando as exigências de equilíbrio.

Movimento

Mantenha a musculatura postural rígida, flexione os cotovelos e abaixe-se de maneira controlada, projetando o tórax em direção à parte superior da bola.

Finalização

Mantenha e equilibre-se antes de estender os membros superiores para impulsionar o corpo para cima de volta à posição de flexão dos membros superiores.

a

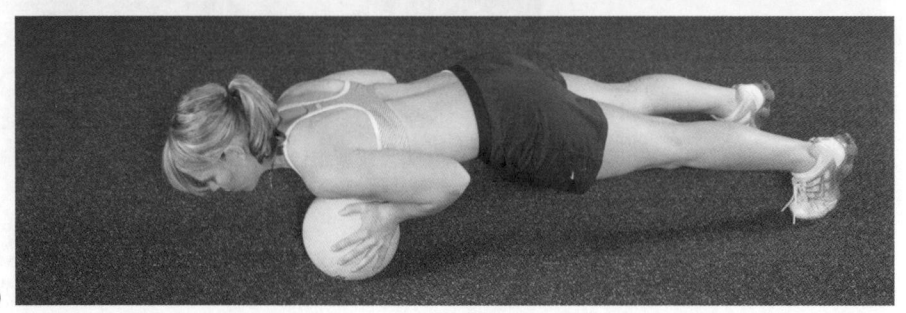

b

EXTENSÃO E ROSCA DE PUNHO

A preparação é a mesma tanto para a rosca de punho como para as extensões do punho. Flexões e extensões do punho são práticas que são tradicionalmente ignoradas em programas de fortalecimento, principalmente porque as pessoas acreditam que esses músculos são trabalhados de maneira suficiente durante outros exercícios que envolvem pegadas.

Preparação

Inicie à frente de um aparelho de polia ajustável ou segure halteres, conforme mostrado nas figuras. Ajuste o aparelho de modo que a polia esteja aproximadamente 20° abaixo da parte superior da bola.

Movimento

Segurando a barra com uma pegada em pronação para o movimento de rosca, inicie em uma posição totalmente estendida e flexione seus punhos através de uma amplitude total de movimento. Mantenha essa posição por um ou dois segundos.

Finalização

Abaixe lentamente o peso de volta à posição inicial.

Observação: para o movimento de extensão, as palmas começam voltadas para o chão.

a

b

DESLOCAMENTO COM A *MEDICINE BALL*

Os deslocamentos são semelhantes às flexões dos membros superiores, porém ativam mais músculos a fim de lidar com superfícies desiguais e cargas unilaterais.

Preparação

Posicione uma bola à sua frente. Permaneça em pronação com as mãos sobre a bola em uma posição de flexão dos membros superiores. Enrijeça o abdome a fim de manter o tronco firme (em uma linha reta dos tornozelos até os ombros). Retire sua mão esquerda da bola e posicione-a no chão à esquerda desta. Os pés se mantêm no lugar, mas a carga da parte superior do corpo é transferida para o membro superior esquerdo (a mão que está no chão) conforme você se projeta sobre ele.

Movimento

Estenda o membro superior esquerdo e, em seguida, execute uma flexão dos membros superiores sobre a bola. Transfira seu peso para a mão direita conforme a esquerda é retirada do chão; una ambas as mãos sobre a bola. Ao estabilizar-se, transfira seu peso para a mão esquerda e traga a mão direita para cima, posicionando-a no chão à direita da bola.

Finalização

Transfira seu peso sobre o membro superior direito. Projete-se em uma posição de flexão dos membros superiores. Continue essa sequência até que a fadiga impeça uma execução segura.

Dicas e progressões

Potência: utilizando as mesmas técnica e progressão, os movimentos de potência acrescentam uma ação pliométrica ao movimento. Ao estender o membro superior (esquerdo), impulsione-se de maneira vigorosa a fim de projetar o tronco ao alto. A mão direita deverá ser retirada da bola um pouco antes de se pousar a mão esquerda sobre ela. O tronco é projetado para a esquerda e para a direita com velocidade. Quando a mão direita atingir o chão, flexione rapidamente o cotovelo para projetar-se em uma posição de flexão dos membros superiores e, com um movimento de explosão, force de maneira imediata o tronco para cima e sobre a bola. As mãos dançam de um lado para o outro, executando este exercício com velocidade.

a

b

LARGAR E APANHAR RÁPIDO COM A *MEDICINE BALL*

A força de pegada e o desenvolvimento do antebraço são importantes para os esportes que exigem que um implemento ou objeto seja agarrado. Segurar um bastão de hóquei ou uma raquete de tênis e um *pump fake* (*) no futebol americano são exemplos da necessidade de se obter força de pegada com o movimento integrado do antebraço.

Preparação

Inicie em uma postura esportiva de frente para o seu parceiro, que deverá segurar uma *medicine ball* de menor diâmetro. Posicione as mãos em pronação, ou com as palmas voltadas para baixo. Os seus cotovelos deverão estar próximos do corpo em ângulos de 90°.

Movimento

O exercício começará quando o seu parceiro soltar a bola. Assim que isso for feito, estenda muito rapidamente os seus cotovelos de maneira excêntrica na direção da bola em queda.

Finalização

Apanhe a bola em um intervalo de 10 a 15 centímetros da sua queda e flexione os cotovelos de volta para cima, de modo a criar ângulos de 90° neles.

Dicas e progressões

Este movimento deve ser executado muito rápido. Imagine que a bola esteja muito quente. Se a segurar por muito tempo, você queimará sua mão.

(*) N.T.: Ação do *quarterback* do futebol americano de simular com o membro superior o movimento indicando um passe, mas mantendo a posse da bola por mais alguns segundos. O objetivo é enganar a defesa adversária, simulando um passe, e confundir a marcação.

Corpo Inteiro

10

Exercícios neste capítulo

LEG PRESS DE ESTABILIZAÇÃO COM PARCEIRO

Este exercício combina um rolamento em pé com o *leg press*. Ele desenvolve força no membro inferior e estabilidade no quadril durante o *leg press*, bem como força no ombro e no tronco na posição em pé.

Preparação

O parceiro A deverá estar deitado em supinação no chão com os joelhos flexionados, os pés ao alto e a musculatura postural enrijecida; e o parceiro B deverá estar em pé à frente dos pés do parceiro A. O parceiro B mantém uma bola de estabilidade entre as mãos e os pés do parceiro A, estando com os joelhos e os membros superiores flexionados, e o peso do corpo distribuído nos membros inferiores.

Movimento

Enquanto o parceiro A movimenta os membros inferiores para trazer a bola em direção aos quadris, o parceiro B transfere o peso para as mãos e sobre a bola, elevando os calcanhares a fim de criar um pivô à frente sobre os dedos do pé.

Finalização

Com o peso do parceiro B sobre a bola, o parceiro A deverá estender os membros inferiores a fim de impulsionar a bola para longe do corpo. O parceiro B deve se esforçar para se manter estabilizado sobre a bola, pois esta poderá se deslocar levemente para longe da linha mediana durante o exercício.

Dicas e progressões

Há uma tendência em se concentrar na ação do *leg press*. Preste atenção também ao rolamento em pé, que é uma manobra mais complexa de se controlar. Uma vez ultrapassada a curva de aprendizado, os parceiros extrairão grande proveito desse exercício.

a

b

AGACHAMENTO COM DESENVOLVIMENTO POR CIMA DA CABEÇA

Este é um bom exercício multiarticular para o corpo inteiro, que é executado em um padrão de movimento simples.

Preparação

Inicie em uma posição em pé com os pés separados na largura do ombro, a região lombar da coluna vertebral ajustada e a musculatura postural ajustada e contraída. Segure uma bola de estabilidade na altura dos ombros com as mãos exercendo uma pressão para dentro. Verifique a retração da escápula.

Movimento

Mantenha uma postura firme, agache-se projetando os glúteos para baixo e os quadris para trás em uma posição sentada. Na fase intermediária, os joelhos estarão acima da linha dos dedos do pé (e não adiante dos dedos do pé ou projetados para dentro). Ao estender os membros inferiores para ficar em pé, estenda também os membros superiores a fim de pressionar a bola por cima da cabeça.

Finalização

Mantenha um posicionamento ereto e traga a bola para baixo de maneira controlada até a altura dos ombros antes de se projetar para baixo para o próximo agachamento. Não assuma uma posição de protração do ombro.

Dicas e progressões

- Garanta uma sequência suave do corpo inteiro e um deslocamento sem interrupções prestando atenção na carga de estabilização dinâmica – esta *não* deverá se deslocar dentro da bola e não deverá produzir som.
- Finalize cada repetição assim que sentir os ombros fatigados; para tanto, abaixe a bola até a altura dos ombros e, *ao mesmo tempo*, abaixe as costas para assumir uma posição de agachamento.

a

b

ROLAMENTO COM AGILIDADE

David Weck é o criador do mecanismo BOSU e, mais recentemente, da bola de estabilidade DSL. David criou alguns exercícios importantes com a BOSU e a bola de estabilidade DSL. Este é apenas um de seus exercícios, o qual combina agilidade funcional com um movimento divertido. A bola permite que você execute movimentos de rolagem de maneira segura, sem o impacto normalmente associado a esse tipo de exercício esportivo.

Preparação

Posicione-se ao lado da bola em uma postura com os membros inferiores afastados; mantenha o membro de fora à frente e a mão de dentro apoiada no chão.

Movimento

Projete o tronco para baixo e role sobre a bola, saindo do lado oposto.

Finalização

Toque o solo com os pés e assuma uma postura na qual os membros inferiores deverão estar afastados; mantenha o membro de fora à frente e a mão de dentro apoiada no chão, a fim de auxiliar a estabilização do corpo. Finalize com a cabeça erguida e esteja visualmente atento antes de retornar sobre a bola para o lado inicial.

Dicas e progressões

- Inicie de maneira lenta e esforce-se em obter controle e consistência.
- Ao se tornar proficiente, comece a aumentar o ritmo.

a

b

AVANÇO COM DESLOCAMENTO E ROTAÇÃO DA *MEDICINE BALL* POR CIMA DA CABEÇA

O avanço com deslocamento apenas já constitui um exercício bastante desafiador. Ao acrescentar a carga extra da *medicine ball* com rotação por cima da cabeça, um movimento que abrange flexão, extensão e rotação é criado. Embora os motores primários sejam os membros inferiores, este exercício desafia o corpo inteiro.

Preparação

Inicie em uma posição com os membros inferiores afastados de modo que a parte frontal da tíbia esteja perpendicular ao solo, com ângulo de 90° no joelho. Caso inicie com o membro inferior esquerdo à frente, segure a bola na lateral do quadril esquerdo com a musculatura postural realizando rotação para a esquerda.

Movimento

Para iniciar o movimento, pressione o pé esquerdo contra o solo, o que iniciará a extensão do quadril e do quadríceps esquerdos. Quando a ativação do quadril e do quadríceps for iniciada, eleve a bola em um movimento de semicírculo sobre a cabeça. O membro inferior direito também inicia efetuando um passo para a frente com o objetivo de se tornar o membro de apoio dianteiro.

Posição intermediária

Na posição intermediária, você deverá estar com a bola por cima da cabeça e seu membro inferior esquerdo deverá estar totalmente estendido.

Finalização

Ao mesmo tempo que o pé direito projetar-se para a frente e para baixo até o joelho atingir uma posição flexionada, a bola continuará a mover-se por cima da cabeça em um movimento de semicírculo a fim de finalizar no quadril oposto.

Dicas e progressões

Você também pode usar este movimento de avanço com deslocamento mantendo de maneira estática uma *medicine ball* por cima da cabeça. Essa prática propiciará um maior desafio à musculatura da cadeia posterior, o que irá promover uma postura correta.

a

b

AVANÇO ANGULADO COM ROTAÇÃO HORIZONTAL DA *MEDICINE BALL*

Este exercício é semelhante ao avanço com deslocamento. A diferença está na execução; neste, é necessário permanecer no lugar, com um maior desafio aos músculos adutores médios da coxa.

Preparação

Inicie em uma posição com os membros inferiores afastados de maneira que a parte frontal da tíbia esteja perpendicular ao solo, com ângulo de 90° no joelho e o quadril em adução de aproximadamente 30 a 40°. Caso inicie com o membro inferior esquerdo à frente, a bola será mantida com a musculatura postural realizando rotação para a esquerda e os membros superiores estendidos lateralmente na altura do tórax.

Movimento

Para iniciar o movimento, pressione o pé esquerdo contra o solo, o que iniciará a extensão do quadril e do quadríceps esquerdo. Quando a ativação de ambos for iniciada, execute rotação da *medicine ball* ao longo do corpo de modo horizontal em relação ao solo.

Posição intermediária

Na posição intermediária, você deverá estar com a bola à frente do tórax e o membro inferior esquerdo retornando para junto da linha mediana do corpo. Nesse procedimento, há uma transferência instantânea do peso e o membro inferior direito inicia um impulso em um ângulo de 30 a 40° para o lado direito.

Finalização

Ao mesmo tempo que o pé direito deverá ser projetado para a frente e para baixo até o joelho atingir uma posição flexionada, continue a mover a bola ao longo do corpo para finalizar no lado direito.

Dicas e progressões

Caso tenha dificuldade em conservar uma postura correta ao se movimentar e realizar rotação, tente encurtar a alavanca mantendo a bola mais próxima ao seu corpo e progrida até que os membros superiores estejam totalmente estendidos.

a

b

FLEXÃO DOS MEMBROS SUPERIORES COM DESLOCAMENTO NA *MEDICINE BALL*

Este exercício é uma versão avançada da Flexão dos Membros Superiores com *medicine ball*. Há uma maior coordenação do corpo como um todo ao manejá-lo sobre cinco *medicine balls*.

Preparação

Posicione cinco *medicine balls* em uma fila com distância entre elas de aproximadamente 61 a 91 centímetros. Para iniciar, posicione uma das mãos sobre a parte de cima de uma *medicine ball* e apoie a outra no solo. É necessário que o corpo esteja contraído enquanto se mantém uma boa postura para a posição de flexão dos membros superiores.

Movimento

Inicie com o corpo abaixado, impulsione-se para cima e sobre cada bola. O movimento das mãos durante a troca é muito rápido; portanto, certifique-se de que as mãos estejam firmemente posicionadas sobre a bola antes de descer o corpo.

Finalização

Continue até chegar ao final da fila e, então, progrida de volta até a primeira bola.

Dicas e progressões

- Caso não consiga voltar até a primeira bola, comece com apenas três ou quatro bolas e progrida para cinco.
- Você pode também executar o movimento em uma única direção na primeira série do exercício. Então descanse e retorne para a direção oposta.
- Para obter um desafio adicional, tente usar bolas de diferentes tamanhos.

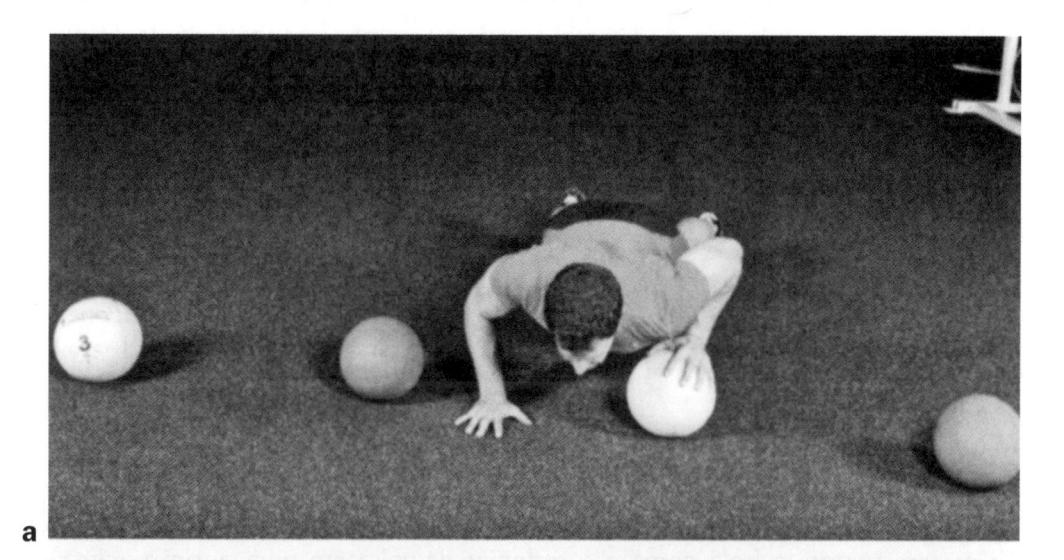

a

b

ARREMESSO DE LATERAL A FRONTAL DA *MEDICINE BALL* CONTRA A PAREDE

Este exercício combina movimentos do plano frontal ao sagital através do plano transversal. Sob uma perspectiva esportiva, há também um movimento de explosão que é executado acima da cabeça e finalizado com uma vigorosa contração excêntrica no membro inferior que está à frente. Esse movimento multidirecional, de fato, representa o treinamento funcional.

Preparação

Inicie com um ombro voltado para a parede. Os quadris e os joelhos deverão estar levemente flexionados em uma postura esportiva adequada. Segure a *medicine ball* aproximadamente na altura do quadril. Você, nesse instante, estará pronto para iniciar o movimento.

Movimento

O início do movimento é provocado pelos quadris, onde ocorre uma transferência de peso do membro inferior mais próximo à parede para o que está mais distante. Ao mesmo tempo, a bola começa a rodopiar de volta em uma posição acima da cabeça.

Finalização

Assim que a bola estiver acima da cabeça, comece a executar rotação dos ombros até que eles estejam voltados para a parede. Ao iniciar a rotação, a impulsão do membro inferior que está atrás também será necessária para auxiliá-lo no arremesso contra a parede. Retire o membro inferior dianteiro do chão à medida que avançar para a frente a fim de arremessar a bola; desacelere o corpo com o membro inferior dianteiro.

Dicas e progressões

- A transferência de peso proporciona a execução bem-sucedida desse exercício. Ela deve iniciar no solo e seguir para cima, a fim de otimizar a força até a bola.
- Comece com uma bola mais leve para garantir uma técnica adequada.
- Você pode também tentar um movimento de *chest press,* aplicando maior ênfase ao ato de empurrar e não ao de arremessar a bola.

a

b

CIRCUITO COM A *MEDICINE BALL*

Este minicircuito é uma combinação de quatro movimentos em uma série extremamente grande. Este exercício sobrecarregará a musculatura postural, assim como o sistema anaeróbio de energia.

Cortada sobre a cabeça

Inicie em uma postura esportiva rígida, com os pés separados na largura dos ombros; tanto o tórax como os ombros deverão estar posicionados logo acima dos joelhos. Segure a *medicine ball* com os membros superiores totalmente estendidos de modo que a bola esteja entre os joelhos. Enrijeça a musculatura postural antes de iniciar o movimento seguinte.

Leve os membros superiores firmemente ao alto, de maneira que a bola esteja por cima de sua cabeça, como se você estivesse suspendendo um machado (ver Figura *a*).

Uma vez atingida a posição sobre a cabeça, inverta o movimento o mais rápido que puder e impulsione a bola novamente para baixo com uma cortada vigorosa. Inverta o movimento mais uma vez e continue até completar dez cortadas.

Ao completar dez cortadas por cima da cabeça, o segundo movimento consecutivo é a Inclinação Lateral por Cima da Cabeça.

Inclinação lateral por cima da cabeça

Mantenha a mesma postura esportiva e segure a bola por cima da cabeça em uma posição com os membros superiores totalmente estendidos.

Enrijeça a musculatura postural e flexione a cintura lateralmente de maneira a se inclinar para um lado (ver Figura *b*). Não permita qualquer movimento lateral ao se flexionar para as laterais.

Uma vez atingida sua flexão lateral máxima, inverta a direção para o lado oposto. A velocidade do movimento não deve ser explosiva, mas deve ser rápida. Complete dez flexões para cada lado e então passe para o *Twist* em Pé.

Twist em pé

Continue com a mesma postura esportiva e flexione os membros superiores para a frente, de maneira que a bola seja mantida à frente no nível do tórax.

Utilizando um movimento de explosão, execute rotação para um lado. Assegure-se de acompanhar a bola com os olhos e a cabeça ao girar (ver Figura *c*).

Uma vez atingida sua amplitude de rotação máxima, execute rotação com uma explosão para o lado oposto, novamente acompanhando a bola com os olhos e a cabeça. Complete dez rotações para cada lado.

O exercício final é a Cortada de Machado com Flexão do Quadril, que une as partes superior e inferior do corpo em um movimento complexo.

Cortada de machado com flexão do quadril

Imediatamente após realizar a última rotação em pé, desloque a bola para cima sobre um ombro e deslize o membro inferior contralateral para trás em ângulo de cerca de 30°.

Inicie o movimento simultaneamente, executando uma cortada com a bola para baixo e flexionando o quadril oposto com um movimento muito rápido (ver Figura *d*).

Assim que a bola alcançar a parte externa da coxa, retorne à posição inicial. Complete dez repetições para cada lado e em seguida descanse.

Ao atingir um minicircuito completo, descanse de 60 a 120 segundos e repita três ou quatro circuitos.

a

b

c

d

CORTADA DE MACHADO COM FLEXÃO DO QUADRIL

Este movimento une a linha funcional dos músculos oblíquo externo direito, adutor do quadril esquerdo, psoas e reto femoral. Essa linha de puxada pode ser traçada da parte superior do ílio direito até a parte lateral da coxa. Todos esses músculos funcionam em conjunto a fim de proporcionar rotação para a esquerda. O movimento deverá ser iniciado em um ritmo moderado.

Preparação

Permaneça em uma postura esportiva firme, com os pés separados aproximadamente na largura dos ombros. Segure a bola com as duas mãos e flexione os membros superiores para cima, de modo que ela fique acima do ombro. Deslize o membro inferior contralateral para trás em ângulo de cerca de 30°.

Movimento

Inicie o movimento simultaneamente, cortando para baixo com a bola e flexionando o quadril oposto com uma leve adução. Essa prática proporcionará um ziguezague da bola e da parte superior da coxa.

Finalização

Assim que a bola alcançar a lateral da coxa, inverta rapidamente o movimento e retorne à posição inicial.

Dicas e progressões

- Quando se sentir confortável com uma velocidade moderada, progrida para um movimento mais explosivo.
- Você pode propiciar uma resistência adicional aos flexores e aos adutores do quadril quando fixar um extensor de borracha ou uma polia ao seu tornozelo.

a

b

REBOTE LATERAL NO SOLO COM A *MEDICINE BALL* POR CIMA DA CABEÇA

Este exercício requer certa coordenação ao impulsionar a bola contra o solo no ângulo correto, a fim de apanhá-la e inverter o movimento.

Preparação

Com os pés separados na largura dos ombros, eleve a bola para cima da cabeça e para um lado. Enrijeça a musculatura postural e prepare-se para impulsionar a bola para baixo.

Movimento

O êxito deste exercício é determinado pelo ângulo necessário para se receber a bola. Ao impulsioná-la para baixo, a partir da lateral do seu ombro, tente atingir um ponto médio no chão entre seus pés. Essa medida permitirá que a bola pule de volta na direção do seu ombro oposto.

Finalização

Assim que tiver lançado a bola, seus membros superiores se deslocarão para o lado oposto, a fim de interceptá-la e iniciar a desaceleração. O rebote da bola deverá ocasionar a elevação de suas mãos até o ombro oposto. Em seguida, em um movimento de diminuir a explosão, impulsione a bola na direção oposta.

Dicas e progressões

Inicie esse movimento com uma bola mais leve, com peso entre 2,5 e 3,5 quilos, e progrida lentamente até conseguir manejar uma *medicine ball* de cerca de 5,5 a 6,5 quilos.

a

b

SALTO E ARREMESSO COM A *MEDICINE BALL* POR CIMA DA CABEÇA

Este é provavelmente o exercício com *medicine ball* que melhor integra um movimento de explosão que poderá ser executado. Ele requer uma tripla extensão explosiva do corpo (integração dos tornozelos, dos joelhos e dos quadris). Este movimento é importante para quem pratica futebol americano, participa de eventos de atletismo ou simplesmente deseja trabalhar a capacidade de explosão do corpo inteiro.

Preparação

Com os pés separados na largura dos ombros e o corpo em uma postura esportiva, segure a *medicine ball* de modo que permaneça suspensa logo abaixo dos ombros e aproximadamente no nível dos joelhos.

Movimento

Inicie o movimento projetando os quadris para a frente e exercendo pressão com os pés contra o solo. Essa prática representará uma contração muscular rápida e vigorosa, e a projeção inicial resultará em uma força por meio da qual o seu corpo será impulsionado para cima como em um movimento de salto.

Finalização

Quando o seu corpo for projetado para cima, integre o movimento na mesma direção (para cima) da bola. Empregue a velocidade de seu salto e transfira essa força para a bola. Solte a bola à medida que seus membros superiores se elevarem para o ponto mais alto de seu salto.

Dicas e progressões

- Inicie este movimento com uma bola mais leve, com peso entre 5,5 e 6,5 quilos, e progrida lentamente até conseguir manejar uma *medicine ball* de 11 a 13,5 quilos. Essa bola mais pesada irá desafiar seu sistema nervoso.
- Você pode impulsionar a bola direto para o alto ou em um arco para trás. Quando a bola for direto para o alto, não tente apanhá-la. Saia do caminho e deixe-a cair no chão. Quando arremessá-la para trás em um arco, você deverá estar em um ambiente aberto e certificar-se de que não há ninguém no trajeto da bola.

a

b

ARREMESSO DA *MEDICINE BALL* COM SALTO COM OS DOIS MEMBROS INFERIORES E ATERRISSAGEM COM UM MEMBRO INFERIOR

Este exercício é excelente para a coordenação e a potência combinada. Ele envolve tanto a potência no plano sagital como no frontal e a desaceleração, que são importantes para esportes que exijam mudanças de direção.

Preparação

Você deverá estar a cerca de 2,4 a 3 metros de uma parede sólida ou um parceiro para quem você possa arremessar a bola. Esteja preparado em uma postura esportiva ao mesmo tempo que segura a bola próxima ao tórax e na altura dele.

Movimento

O movimento inicial envolve, simultaneamente, impulsionar a bola contra a parede e saltar para a frente.

Finalização

Ao se projetar para a frente, você deve girar 90° e aterrissar com o membro inferior de dentro mais próximo à parede. Estabilize-se ao tocar o solo e apanhe a bola no rebote da parede. Ao apanhá-la, posicione-se novamente e repita.

Dicas e progressões

Você pode tentar progredir sua aterrissagem com um membro inferior para o membro de fora, o que provocará tensão sobre os músculos adutores responsáveis pela aterrissagem. Antes de tentar realizar o movimento com a bola, experimente algumas repetições sem ela e certifique-se de que está familiarizado com o movimento dos pés.

a

b

Flexibilidade

Exercícios neste capítulo

EXTENSÃO DA COLUNA VERTEBRAL

A mobilidade na coluna vertebral é essencial para que o resto do corpo funcione de maneira eficiente. Assim como o fortalecimento, o alongamento da coluna em planos e ângulos variados auxiliará na saúde vertebral. A Extensão da Coluna Vertebral é um método seguro de realizar um alongamento nos ligamentos anteriores e nos músculos espinhais, assim como nos músculos abdominais.

Preparação

Sentado sobre uma bola, desloque-se para a frente até que a bola esteja sob a curvatura natural da sua região lombar.

Movimento

Balance para a frente e para trás pressionando seus membros inferiores contra o solo. Isso fará a bola balançar para trás. Acompanhe o rolamento da bola, o que irá propiciar o alongamento dos músculos abdominais. Quanto mais distante você rolar para trás, maior será o alongamento. Comece com rolamentos menores e, então, progrida para rolamentos mais amplos.

Finalização

Ao atingir sua amplitude máxima, mantenha-se alongado por 8 a 15 segundos, e em seguida retorne. Esse tempo de alongamento é menor que o da maioria dos alongamentos, porque caso permaneça na posição alongada por um período extenso, com a cabeça em direção ao solo, você poderá se sentir ligeiramente tonto.

ALONGAMENTO LATERAL

Este exercício proporciona um alongamento para todos os músculos espinhais de flexão lateral importantes, assim como para os oblíquos.

Preparação

Posicione uma bola a cerca de um metro da parede. Sente-se sobre ela de maneira que seus quadris estejam sobre seu vértice e seus pés, contra a parede. Estabilize-os contra a parede para evitar um rolamento à frente. Deite-se ao longo da bola de modo a flexionar-se lateralmente sobre ela.

Movimento

Não há movimento uma vez que a posição de alongamento tenha sido atingida.

Finalização

Mantenha a posição alongada sobre a bola por 20 a 30 segundos e em seguida repita o procedimento com o lado oposto.

ALONGAMENTO EM SUPINAÇÃO DOS MÚSCULOS ISQUIOTIBIAIS

Os músculos isquiotibiais, que estão na parte posterior das coxas, são alguns dos músculos tipicamente mais rígidos do corpo e podem limitar a flexibilidade ao redor do quadril e da região lombar da coluna vertebral. O alongamento dos músculos isquiotibiais em supinação oferece desafios dinâmico e estático para o grupo muscular isquiotibial tanto nas articulações do quadril como do joelho.

Preparação

Posicione uma bola entre a parede e seus pés, e desloque-a para cima de modo que seus membros inferiores fiquem estendidos. Caso seus músculos isquiotibiais estejam muito inflexíveis, você precisará se posicionar mais distante da parede.

Movimento

Mantendo a pelve em contato com o solo, comece a rolar a bola para cima, ao longo da parede, ao mesmo tempo estendendo os seus membros inferiores. Assim que ambos estiverem totalmente estendidos, mantenha essa posição por 20 a 30 segundos e retorne à posição inicial. Você poderá também executar alongamentos dinâmicos deslocando a bola de maneira mais rápida, com movimentos para cima e para baixo. Execute quinze a vinte movimentos antes de descansar.

Dicas e progressões

- Ao tornar-se mais flexível, deslize seu corpo para mais perto da parede antes de executar o movimento com os membros inferiores.
- Movimente-se de maneira progressiva em pequenos incrementos a fim de evitar que sua pelve se desloque do chão quando você se aproximar da parede.

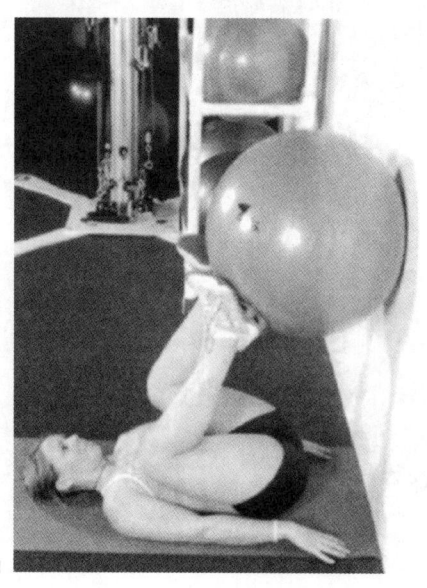

a   b

ALONGAMENTO EM PÉ DOS MÚSCULOS ISQUIOTIBIAIS

Alongar os músculos isquiotibiais a partir de uma posição ereta irá enfatizar a parte superior do músculo em direção ao quadril.

Preparação

Posicione seu pé na parte de cima de uma bola.

Movimento

Mantenha a curvatura lordótica na região lombar da sua coluna vertebral e lentamente se flexione para a frente. Concentre-se em projetar seu umbigo em direção à sua coxa. Ao mesmo tempo que se flexionar para a frente, pressione de modo suave seu calcanhar contra a bola. Mantenha essa contração por 5 a 6 segundos, relaxe o alongamento por 2 e, então, passe para o próximo alongamento. Este exercício utiliza o método de facilitação neuromuscular proprioceptiva (FNP), o que significa que se você contrai um músculo, permite-o relaxar e alonga-o novamente; além disso, o alongamento subsequente será maior. Você também pode se concentrar nas diferentes cabeças dos isquiotibiais apontando seus dedos do pé para dentro e para fora.

Finalização

Execute de três a cinco alongamentos estáticos por 20 a 30 segundos, ou duas ou três séries de três ou quatro alongamentos por FNP.

ALONGAMENTO EM PÉ DO LATÍSSIMO DO DORSO E DOS MÚSCULOS PEITORAIS

O latíssimo do dorso e os músculos peitorais são dois grupos musculares que, se não forem alongados de maneira eficiente, podem restringir a amplitude de movimento no ombro. A flexibilidade nessa área é essencial para a saúde geral dos ombros, especialmente no caso de atletas de arremesso.

Preparação

Assuma uma postura com os membros inferiores afastados e com o seu pé esquerdo à frente. Posicione uma bola entre sua mão direita e a parede.

Movimento

Inicie rolando a bola para cima pela parede até que seu membro superior esteja totalmente estendido. A fim de aumentar o alongamento no ombro, avance ligeiramente para a frente. Mantenha a posição alongada por 20 a 30 segundos e retorne a seguir à posição inicial. Você também poderá executar esse exercício de maneira dinâmica aumentando a velocidade da bola e do impulso.

Finalização

Execute de três a cinco alongamentos estáticos por 20 a 30 segundos ou duas ou três séries de dez alongamentos dinâmicos.

ALONGAMENTO DE JOELHOS DA PARTE POSTERIOR DO OMBRO

Alongar a parte posterior do ombro é importante para a mobilidade e para uma amplitude de movimento completa na articulação do ombro.

Preparação

Ajoelhe-se em frente a uma bola, mantendo-a levemente afastada para o lado esquerdo. Mova seu membro superior direito ao longo do corpo e posicione-o sobre a bola.

Movimento

Comece a rolar a bola para a esquerda com a mão direita. Quando atingir o ponto máximo de sua amplitude, flexione-se para a frente. Esse movimento desenvolverá um maior alongamento das fibras posteriores dos músculos deltoide e romboide, o que engloba o espaço entre a escápula e a região cervical da coluna vertebral.

Finalização

Mantenha o alongamento por 20 a 30 segundos e retorne à posição inicial. Repita de três a cinco vezes.

Programas de Força com Bola

O objetivo deste programa de 16 semanas é apresentar de maneira progressiva ao leitor os exercícios descritos no livro. Para muitos que estão apenas começando, possivelmente haverá um interesse em avançar direto para alguns dos exercícios mais difíceis, principalmente se considerarem alguns pertencentes ao nível para iniciantes fáceis demais. No entanto, é recomendável seguir os exercícios na ordem. Procure desenvolver sua base com as progressões conforme foram prescritas e seu resultado será um programa bem-sucedido. Lembre-se de que Roma não foi construída em um dia! O tempo que você dedicar ao programa nas primeiras quatro ou seis semanas irá garantir seu êxito, ajudando-o a evitar quaisquer possíveis lesões no tecido mole e reforçando as técnicas conforme descritas.

Movimentação e aquecimento de preparação

Iniciar bruscamente o treino sem um aquecimento adequado não seria benéfico ao corpo. Essa atitude poderia ser comparada a dar a partida em um carro e imediatamente sair dirigindo em uma gelada manhã de fevereiro em Otawa, no Canadá. Deve-se primeiro dar a partida e depois deixar que o carro se aqueça, para que o óleo possa chegar até as partes responsáveis pela movimentação do motor. O corpo não é diferente. Inicie elevando lentamente a temperatura do seu corpo com 5 a 8 minutos de atividade aeróbica. Em seguida, execute alguma atividade dinâmica a fim de lubrificar suas articulações, como avanços com deslocamento, avanços com rotação, giros de quadril, cortadas de machado com a *medicine ball* ou *robots arms*.

Ritmo e descanso

Ritmo e descanso são dois componentes que podem ditar o direcionamento do seu programa. Serão definidos os números na coluna do ritmo em primeiro lugar. Por exemplo, 3:2:2 significa que você precisa abaixar o peso em 3 segundos, manter a posição intermediária por 2 segundos e elevar o peso em 2 segundos. Quando um músculo permite que uma articulação se movimente, o resultado sempre evidencia uma redução ou extensão do músculo que está sendo trabalhado. O primeiro dígito indica que o peso deve ser levado para baixo, o que geralmente significa submeter um músculo específico a uma contração excêntrica, ou a uma extensão. O último dígito indica que você deve executar uma contração concêntrica, ou uma retração.

O número na coluna de descanso representa quanto tempo você deve descansar após um exercício em particular. Os exercícios são projetados a fim de fornecer um número de superséries, nas quais um exercício é imediatamente seguido por um segundo exercício, e então seguido por um intervalo de descanso específico. Esse conceito de superséries é utilizado como um meio de tornar o treino eficiente. Em vez de trabalhar cada músculo de maneira individual, geralmente se utiliza um grupo muscular oposto (como o tórax e a parte superior das costas) ou uma combinação entre as partes inferior e superior do corpo (como o tórax e os músculos isquiotibiais). Conforme se adapta ao programa, você poderá aplicar o conceito de progressão em seus períodos de descanso a fim de aumentar de maneira contínua a intensidade de seus treinos. Ao tentar reduzir seu tempo de descanso, você irá aumentar a intensidade metabólica do programa e, dessa forma, impor um maior desafio ao seu corpo, bem como aprimorar sua resistência. Você pode também aumentar o seu tempo de descanso, especialmente se desejar levantar cargas muito pesadas. Aumentar o tempo de descanso proporcionará uma maior recuperação, o que é um importante componente da força de alto nível.

Fundamentos para o desenvolvimento do programa

Ao se criar programas de exercício para os clientes, vários fatores devem ser considerados:

1. O esporte para o qual o atleta esteja se preparando.
2. Os objetivos do treinamento, como redução da gordura corporal, aumento de força ou aumento da massa muscular.
3. Idade.
4. Tempo de treinamento (quantidade de anos de treinamento de equilíbrio e força que um cliente tenha).
5. Histórico de lesões.
6. Sexo.
7. Disponibilidade de equipamentos (se há ou não acesso a equipamento apropriado).

A parte desagradável de se criar um programa para este livro é que não se pode ser muito específico. A criação e as progressões são cuidadosamente planejadas para proporcionar ao leitor diretrizes que fornecerão instruções, bem como aprimoramento de força. A seguir, estão as diretrizes que deverão ser utilizadas para se criar o próprio programa a partir dos *Exercícios de Força com Bola*.

A estabilidade e o equilíbrio são abordados sob uma perspectiva fisiológica nos Capítulos 1 e 2. Sob uma perspectiva de programação, a estabilidade e o equilíbrio são características que se trabalha preferencialmente no início desse programa. Isso não significa que a estabilidade não será abordada mais adiante no programa; ao invés disso, o foco poderá ser diferente. Por exemplo, inicialmente é possível se concentrar no equilíbrio instável com um componente menor de força, como uma Queda de Ponte em "T" nas semanas 1 a 4. Esse exercício lhe permite desafiar o equilíbrio de maneira progressiva (isto é, você determina a sua própria dificuldade em se equilibrar à medida que rola lateralmente com a bola). Quanto mais adaptado, mais distante rolará. Uma vez atingido o rolamento lateral máximo, será possível reduzir a base de apoio, o que aumentará o desafio de equilíbrio de simplesmente permanecer sobre a bola. As pontes em "T" são ótimos exercícios de equilíbrio introdutórios, pois você poderá estabelecer sua dificuldade.

A capacidade de equilibrar-se em uma postura de três apoios nas pontes em "T" se prestará de maneira positiva aos desafios de equilíbrio mais adiante no programa quando houver apenas o equilíbrio em dois apoios, por exemplo, na extensão de quadril unilateral e na flexão do joelho. Não apenas tem-se um ponto de equilíbrio de dois apoios, mas também há uma demanda significativa de força durante esse desafio de equilíbrio.

Acreditamos que essas progressões ditarão o êxito futuro de seu programa. Sem progressões adequadas, os resultados podem não se manifestar. Imagine, por exemplo, que você esteja apenas começando seu programa de força com bola e tenha programado uma extensão de quadril unilateral ou uma flexão do joelho em seu primeiro ciclo. A maioria das pessoas não conseguiria executá-lo de modo eficiente, porque elas não possuem o equilíbrio ou a estabilidade necessários. Em muitos casos, essa dificuldade poderá resultar em um abandono do programa. Os índices de desistência em programas de exercício são comuns entre pessoas que tentam fazer muito em pouco tempo e acabam desmotivadas por não serem capazes de completar um treinamento.

Ao observarmos o componente de força na programação, o processo de raciocínio é bem semelhante ao do equilíbrio e da estabilidade: desenvolva uma base e empregue progressões sensatas. Por exemplo, você não irá programar o *Fly* com Duas Bolas a fim de trabalhar seu peitoral no início do programa. Esse exercício aplica grande tensão sobre a parte anterior dos ombros e requer uma grande estabilidade da musculatura postural durante o movimento descendente do *fly*. Será possível observar que a progressão de tórax é iniciada utilizando-se a estabilidade bilateral do Supino com Halteres. Esse é um bom exercício de força introdutório geral para os peitorais e para a estabilidade da musculatura postural. Progrida para uma estabilidade unilateral do Supino com Halteres. Essa prática exigirá que a musculatura postural trabalhe em um nível muito maior como resultado do movimento unilateral do membro superior. Após seguir essas progressões por oito semanas, você provavelmente estará apto a tentar o *Fly* com Duas Bolas. Caso não consiga executar um movimento descendente de maneira lenta e controlada, ao mesmo tempo que mantém a musculatura postural na posição correta, e erguer-se da posição abaixada, você saberá que não está preparado para essa progressão. Se esse for o caso, dê um passo positivo para trás e force novamente os músculos que irão auxiliá-lo a alcançar êxito no movimento.

Os exercícios neste programa de 16 semanas fornecem um bom conjunto de desafios de força, equilíbrio e flexibilidade. Na maior parte dos ciclos de 4 semanas, foram incluídas legendas abaixo das tabelas, que explicam a ocorrência de uma combinação específica de exercícios. Experimente-os e examine a lógica criada neste programa de 16 semanas. Após completá-lo, você estará apto a criar o seu próprio programa de força com bola.

Semanas 1 a 4

Exercício	Séries x repetições ou tempo	Ritmo	Intervalo de descanso
1a. Agachamento na Parede	2-3 x 15-20	3:0:2	0
1b. Extensão Estática das Costas	2-3 x 60 seg	Manter	2 min
2a. Elevação Unilateral do Quadril	2-3 x 10	2:2:2	0
2b. Supino com Halteres	2-3 x 15	3:0:2	1,5 min
3a. *Pullover*	2-3 x 12	3:2:2	0
3b. Extensão do Quadril e Flexão dos Joelhos	2-3 x 12	Lento	1,5 min
4a. Elevação Lateral Estática McGill	2-3 x 30 seg	Manter	0
4b. Rosca em Pé	2-3 x 12	3:1:2	1,5 min
5a. Equilíbrio em Pronação	2-3 x 30-45 seg	Manter	0
5b. Queda de Ponte em "T"	2-3 x 8-10 para cada lado	Lento	1,5 min

Finalize com os seguintes exercícios de estabilidade, mantendo cada posição por 20 a 30 segundos para uma ou duas repetições:

1. Extensão da Coluna Vertebral.

2. Alongamento Lateral.

3. Alongamento em Supinação dos Músculos Isquiotibiais.

4. Alongamento em Pé dos Músculos Isquiotibiais.

5. Alongamento em Pé do Latíssimo do Dorso e dos Músculos Peitorais.

6. Alongamento de Joelhos da Parte Posterior do Ombro.

Nota: nos combos 1 e 5 os grupos foram mantidos próximos. A supersérie 1 se concentra nos membros inferiores e glúteos nos agachamentos na parede, e nos glúteos, isquiotibiais e eretores da espinha na extensão das costas. Esse foco na musculatura postural e nos membros inferiores é uma supersérie do mesmo grupo muscular a fim de aumentar a hipertrofia e a força dessa área. Essa é uma base que você deverá focar em suas progressões futuras.

Na supersérie 5, o foco é semelhante ao das superséries anteriores, exceto pelo fato de se priorizarem os músculos abdominais em um plano sagital seguido por um desafio de estabilidade rotatória – mesmo grupo, diferentes planos.

Semanas 5 a 8

Exercício	Séries x repetições ou tempo	Ritmo	Intervalo de descanso
1a. Agachamento na Parede com Peso	2-3 x 12-15	3:0:2	0
1b. Extensão Estática das Costas	2-3 x 90-120 seg	Manter	2 min
2a. Rosca na Polia com os Membros Inferiores em Supinação	2-3 x 10	2:2:2	0
2b. Supino Unilateral com Halteres	2-3 x 12	3:0:2	1,5 min
3a. *Pullover* Unilateral	2-3 x 12	3:2:2	0
3b. Extensão do Quadril e Flexão Unilateral do Joelho	2-3 x 12	Lento	1,5 min
4a. Elevação Lateral McGill com Adução Estática do Quadril	2-3 x 10-12	2:1:2	0
4b. Rosca em Pé	2-3 x 10	3:1:2	1,5 min
5a. Equilíbrio em Pronação com Abertura do Quadril	2-3 x 10	Lento	0
5b. Ponte com *Medicine Ball* em Queda	2-3 x 10-12	Rápido	1,5 min

Finalize com os seguintes exercícios de estabilidade, mantendo cada posição por 20 a 30 segundos para uma ou duas repetições:

1. Extensão da Coluna Vertebral.

2. Alongamento Lateral.

3. Alongamento em Supinação dos Músculos Isquiotibiais.

4. Alongamento em Pé dos Músculos Isquiotibiais.

5. Alongamento em Pé do Latíssimo do Dorso e dos Músculos Peitorais.

6. Alongamento de Joelhos da Parte Posterior do Ombro.

Semanas 9 a 12

Exercício	Séries x repetições ou tempo	Ritmo	Intervalo de descanso
1a. Agachamento Unilateral na Parede	2-3 x 6-8	2:0:2	0
1b. Extensão Inversa das Costas	2-3 x 8-12	3:0:3	2 min
2a. Extensão do Quadril e Flexão Unilateral do Joelho	2-3 x 8-10	Lento	0
2b. *Fly* com Duas Bolas	2-3 x 8-12	3:0:2	1,5 min
3a. Elevação Cruzada do Deltoide Posterior	2-3 x 10-12	3:2:2	0
3b. Rotação Lateral com Remada em Pronação	2-3 x 10-12	3:1:2	1,5 min
4a. Permanência de Joelhos e Posição de Relógio	2-3 x 30-60 seg	Manter	0
4b. Extensão do Tríceps Inclinada	2-3 x 12	3:0:2	1,5 min
5a. Canivete	2-3 x 10-15	2:2:2	0
5b. Rotação do Quadril	2-3 x 10-12	Lento	1,5 min

Finalize com os seguintes exercícios de estabilidade, mantendo cada posição por 20 a 30 segundos para uma ou duas repetições:

1. Extensão da Coluna Vertebral.

2. Alongamento Lateral.

3. Alongamento em Supinação dos Músculos Isquiotibiais.

4. Alongamento em Pé dos Músculos Isquiotibiais.

5. Alongamento em Pé do Latíssimo do Dorso e dos Músculos Peitorais.

6. Alongamento de Joelhos da Parte Posterior do Ombro.

Nota: ao progredir para a semana 9, você aumentará a intensidade por meio de vários métodos. No caso dos membros inferiores, progrida para agachamentos uni-laterais, que são significativamente mais difíceis que movimentos bilaterais. Os movimentos são multidirecionais e, portanto, mais difíceis de estabilizar, e a carga sobre os membros inferiores também muda. Uma supersérie com exercícios para o tórax e para os músculos isquiotibiais também foi desenvolvida. Ambos os exercícios são considerados de nível avançado. Essa combinação irá aumentar de modo significa-tivo o desafio metabólico, bem como o desafio de força.

Semanas 13 a 16

Exercício	Séries x repetições ou tempo	Ritmo	Intervalo de descanso
1a. Agachamento Lateral com a *Medicine Ball* sobre a Cabeça	2-3 x 8-12	3:0:2	0
1b. Rolamento com Elevação dos Quadris	2-3 x 8-10	Lento	2 min
2a. Puxada Alta e Elevação em Supinação do Deltoide	2-3 x 8-10	Lento	0
2b. Avanço com Deslocamento e Rotação	2-3 x 10-12	3:0:2	1,5 min
3a. Supino com Halteres e *Fly* em Supinação	2-3 x 10-12	2:0:2	0
3b. Tesouras em Supinação	2-3 x 10-12	2:0:2	1,5 min
4a. Abdominal Enrolado	2-3 x 12-15 seg	3:0:2	0
4b. Flexão dos Membros Superiores com a *Medicine Ball*	2-3 x 12	2:0:2	1,5 min
5a. Puxada Alta em Pronação	2-3 x 10-12	2:2:2	0
5b. Helicóptero Lateral Estático de Goldy	2-3 x 10-12	Lento	1,5 min

Finalize com os seguintes exercícios de estabilidade, mantendo cada posição por 20 a 30 segundos para uma ou duas repetições:

1. Extensão da Coluna Vertebral.

2. Alongamento Lateral.

3. Alongamento em Supinação dos Músculos Isquiotibiais.

4. Alongamento em Pé dos Músculos Isquiotibiais.

5. Alongamento em Pé do Latíssimo do Dorso e dos Músculos Peitorais.

6. Alongamento de Joelhos da Parte Posterior do Ombro.

Nota: no ciclo final, os exercícios progridem para níveis bastante avançados. E de modo mais notável foram introduzidos o desafio de movimentos contralaterais dentro do mesmo exercício para a Puxada Alta e Elevação em Supinação do Deltoide, bem como o conceito de se trabalhar o mesmo músculo, porém com movimentos diferentes de um lado ao outro com o Supino com Halteres e o *Fly*.

Referências Bibliográficas

Anderson, K., and D.G. Behm. 2005. Impact of instability resistance training on balance and stability. *Sports Medicine* 35(1): 43-53.

Behm, D.G., A.M. Leonard, W.B. Yound, W.A. Bonsey, and S.N. MacKinnon. 2005. Trunk muscle electromyographic activity with unstable and unilateral exercises. *Journal of Strength and Conditioning Research* 19(1): 193-201.

Berg, K. 1989. Balance and its measure in the elderly: A review. *Physiotherapy* 41: 240-246.

Cholewicki, J., and S.M. McGill. 1996. Mechanical stability of the in vivo lumbar spine: Implications for injury and chronic low back pain. *Clinical Biomechanics* 11(1): 1-15.

Chu, D. 1992. *Jumping into plyometrics.* Champaign, IL: Leisure Press.

Irrgang, J., S.L. Whitney, and E.D. Cox. 1994. Balance and proprioceptive training for rehabilitation of the lower extremity. *Journal of Sport Rehabilitation* 3: 68-83.

Lephart, S., D.M. Pincivero, J.L. Giraldo, and F.H. Fu. 1997. The role of proprioception in the management and rehabilitation of athletic injuries. *American Journal of Sports Medicine* 25(1): 130-137.

Lephart, S., C.B. Swanik, and T. Boonriong. 1998. Anatomy and physiology of proprioception and neuromuscular control. *Athletic Therapy Today* 3(5): 6-9.

McGill, S. 1997. The biomechanics of low back injury: Implications on current practice in industry and the clinic. *Journal of Biomechanics* 30(5): 465-475.

McGill, S. 1998. Low back exercises: Evidence for improving exercise regimens. *Physical Therapy* 78(7): 754-765.

McGill, S. 2002. *Low back disorders.* Champaign, IL: Human Kinetics.

Posner-Mayer, J. 1995. *Swiss ball applications for orthopedic and sports medicine: A guide for home exercise programs utilizing the Swiss ball.* Denver, CO: Ball Dynamics International.

Richardson, C., G. Jull, P. Hodges, and J. Hides. 1999. *Therapeutic exercise for spinal segmental stabilization in low back pain.* London: Churchill Livingstone.

Santana, J.C. 2005. Biomechanical comparison of the one-arm standing press and bench press including muscle response. Abstract presentation. Las Vegas: NSCA National Conference.

Twist, P. 1997. *Complete conditioning for ice hockey.* Champaign IL, Human Kinetics.

Wirhed, R. 1990. *Athletic ability and the anatomy of motion.* London: Wolfe Medical.

Sobre os Autores

Lorne Goldenberg trabalhou como preparador físico para os Florida Panthers, Ottawa Senators Hockey Club, St. Louis Blues, Chicago Blackhawks, Quebec Nordiques, Colorado Avalanche, Windsor Spitfires e Ottawa 67s. Ministra palestras pelo mundo inteiro sobre os mais diversos assuntos, incluindo exercícios com bolas de estabilidade e condicionamento esportivo baseado no solo, para grupos como a National Strength and Conditioning Association, Society of Weight Training Injury Specialists, associações de prefeituras e equipes profissionais. Escreveu para o NSCA *Journal of Strength and Conditioning, Ironman, Physical, Men's Journal, Hockey Life* e *Hockey Now*.

Goldenberg é o presidente do Strength Tek Fitness & Wellness Consultants, que proporciona saúde nos locais de trabalho e programas de bem-estar por todo o Canadá (http://www.strengthtek.com). Ele é também o presidente do Athletic Conditioning Center, que é a única instalação de condicionamento esportivo de Ottawa para atletas (http://www.accottawa.com). Ele vive em Ottawa, Ontário, com seus filhos, Isaak e Danielle.

Peter Twist é ex-preparador físico dos Vancouver Canucks e atual presidente do Twist Conditioning Incorporated (http://www.sportconditioning.com), uma companhia de condicionamento para atletas, com centros de condicionamento (tanto para treinamento individual como por equipes), uma linha de 350 produtos de fitness e certificações de especialista em condicionamento esportivo entregues pelos Twist Master Coaches por todo o Canadá, Estados Unidos, Austrália e Reino Unido. Como palestrante convidado assíduo em conferências internacionais sobre condicionamento físico e clínicas de treinamento, Twist ministra workshops sobre condicionamento esportivo para *personal trainers*, preparadores físicos, treinadores esportivos, professores e profissionais da medicina de todo o mundo.

Twist é autor de sete livros, 16 DVDs e mais de 400 artigos sobre treinamento funcional. Ele também fornece informações por meio de estudo em casa para atletas, pais e profissionais do exercício em diversos países.

Especialista certificado em condicionamento e força pela NSCA com mestrado em ciência do treinamento pela University of British Columbia, Twist atuou como presidente da Hockey Conditioning Coaches Association, editor do *Journal of Hockey Conditioning* e diretor local da NSCA em British Columbia. Twist vive em North Vancouver com sua esposa, Julie, as filhas Zoe e Mackenzie, e os cães Rico e Loosy.